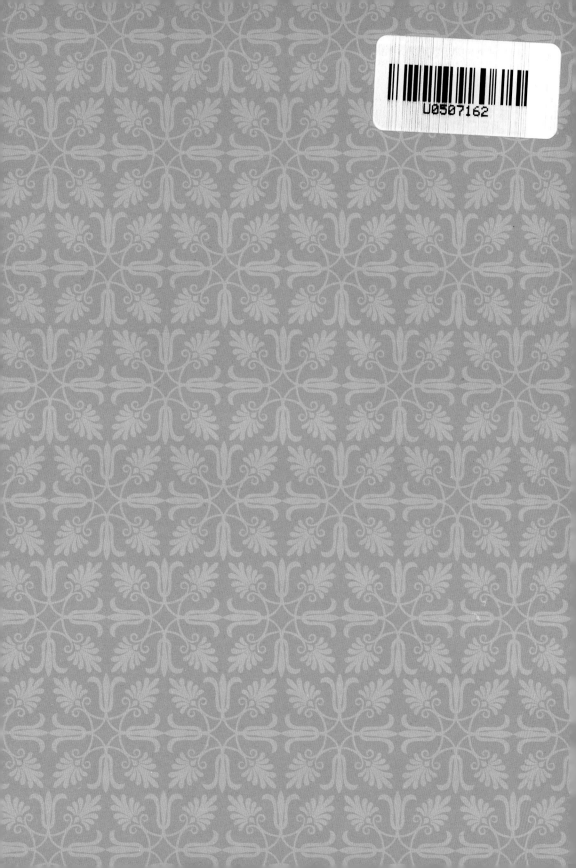

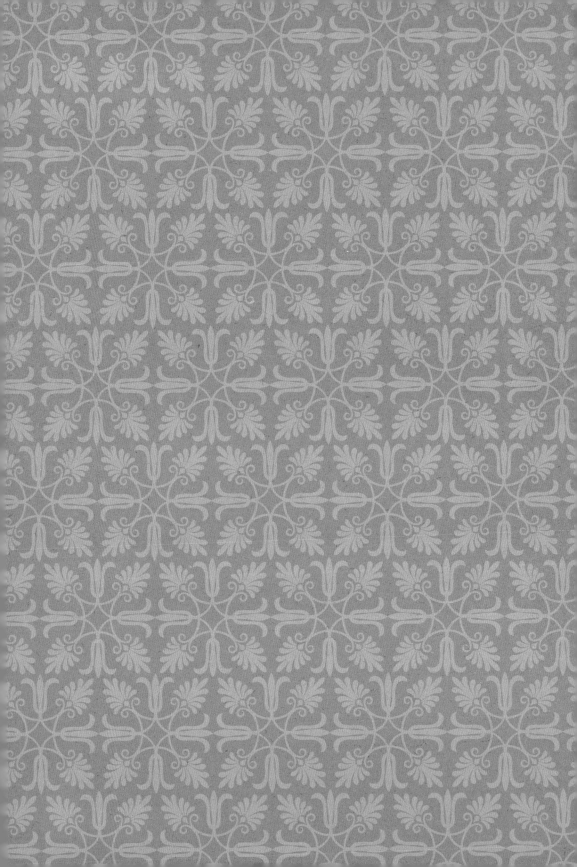

科学原来如此

有趣的货币秘密

王 英◎编著

金盾出版社

内 容 提 要

货币就是我们平常所说的钱,用钱几乎能买到各种各样我们生活中需要用到的东西。那么,你知道货币是怎么产生的吗? 你知道货币是从什么时候开始出现的吗? 你知道世界上有多少种类的货币吗? 这些答案,你都能在这本书中找到。

图书在版编目(CIP)数据

有趣的货币秘密/王英编著. — 北京:金盾出版社,2013.9(2019.3 重印)
(科学原来如此)
ISBN 978-7-5082-8481-1

Ⅰ.①有… Ⅱ.①王… Ⅲ.①货币—少儿读物 Ⅳ.①F82-49

中国版本图书馆 CIP 数据核字(2013)第 129544 号

金盾出版社出版、总发行

北京太平路 5 号(地铁万寿路站往南)
邮政编码:100036 电话:68214039 83219215
传真:68276683 网址:www. jdcbs. cn
三河市同力彩印有限公司印刷、装订
各地新华书店经销
开本:690×960 1/16 印张:10 字数:200 千字
2019 年 3 月第 1 版第 2 次印刷
印数:8 001~18 000 册 定价:29.80 元
(凡购买金盾出版社的图书,如有缺页、
倒页、脱页者,本社发行部负责调换)

前言

　　每一天，我们的每一项活动，基本上都离不开钱。我们睡觉用的床和被子要花钱买，我们吃早餐需要花钱，我们坐公交车去上学需要钱，我们买书和笔记本之类的也需要钱，可见，钱在我们的生活中扮演着重要的角色。在这本书里，我们就详细介绍一下钱的"来龙去脉"。

　　在钱还没有出现的古代，人们要得到自己需要的东西，就得拿东西去换，比如甲需要一把石斧，乙需要一头羊，那甲就可以和乙进行交换了。但是有时候，虽然甲需要石斧，但是乙不需要这头羊，怎么办呢？这时候，人们就需要一种交换双方都能够接受的物品来交换。就这样，最早的货币就产生了。贝壳、牲畜、宝石、盐、珍稀鸟类羽毛、沙金、石头等不容易大量获取的物品都曾经被当成过这种货币。随着时间的发展，金属逐渐取代了别的东西，成为了主要货币。这是因为金属需要人工开采，而且容易保存。

　　随着货币的不断发展，与其配套的东西也不断完善，比如出现了银行，出现了银票。这些东西后来慢慢发展，就变成了我们今天看到的银行和支票。

　　一般来说，每个国家只用唯一的一种货币，由中央银行来进行发行和管理。但是，这只是一般情况，有一些货币，在很多国家都可以通用，比如现在的欧元、法郎，都可以在一定范围内自由流通。

在我国，我们经常看到的钱币有元、角、分，最大的面值是 100 元，最小的面值是一分钱。在别的国家，也有不同面值的货币，不过每个国家的进制并不相同。

随着货币的流通，各种问题也随之而来，比如在中国，一元钱可以买到一个棒棒糖，但是拿到美国，这一元钱可能就买不到一个棒棒糖了。那么，不同国家之间购买东西的时候，该怎么办呢？这时候，就需要汇率的帮助了。

本书中详细地介绍了货币的产生和发展情况，以及世界上一些国家的货币，还有各个国家之间的关系。读完这本书，你就会发现，原来这天天用的、看起来毫不起眼的货币里面，还有这么一个奇妙的世界。

目录

CONTENTS 目录

CONTENTS 目录

货币那点事

◎早晨，家里的盐用完了，妈妈喊智智出
门买盐。

◎智智听闻，将一张5元纸币攒在手心，
哼着儿歌走向门外。

◎在杂货店里时，智智按照妈妈的嘱咐买
来了盐，并将5元钱递给老板。

◎老板找给智智一枚硬币，智智很纳闷。

最早的货币

在遥远的某个国度，某个地点，某一天里，张三和李四相逢了。而他们也许并不知道，他们的相逢具有跨时代的意义。来自炎热的南方的张三，背后背着的可能是一包草药、一包干果或者几条腌制好的咸鱼。他茫茫然地走着，一心想要快点到家。在他的衣服里，还藏着几块准备带给老婆的美丽海贝。而人群里茫茫然走着的还有来自北方的李四，李四急切地想要寻找一件镇宅之宝。

就是在这样的情况下，他们相遇了。李四用手中的羊换了张三背后的草药干果。也许是看中了李四身上的一件羊皮棉袄，总之，已经被换空了的张三只得拿出自己珍藏的海贝。看到海贝，李四顿时兴奋地同意了这笔交易。

拿到海贝的张三，兴奋之情难以掩饰，向左邻右舍炫耀。久而久之，又有了更多的人愿意拿更多更好的东西来换李四的海贝。就这样，李四的海贝具有了最初的货币功能。

而人类史上第一次的货币买卖交易也由此展开了。

货币发展史

每一样新事物的发展，必然会遭到重重阻碍，货币也不例外。中国古代货币便是经历了六次巨大的演变过程，才有了现今的模样。中国是世界上最早使用货币的国家之一，使用货币的历史长达五千年之久。中国古代货币在形成和发展的过程中，先后经历了六次重大的演变：由自然货币向人工货币的演变、由杂乱形状向规范形状的演变、由地方铸币向中央铸币的演变、由文书重量向通宝、元宝的演变、由金属货币向纸币交子的演变、由手工铸币向机制纸币的演变。

一、人工货币

如果我们查看古代的字典和文字记载就会发现，那些和价值有关的汉字，里面一定有一个"贝"字，比如"赋"字。我国最早的货币就是"贝"，就如同刚才提到的交易中张三的海贝。不过随着商品贸易越来越频繁，海贝已经不够用了，人们就开始找海贝的替代品。后来，人们开始用铜来仿制海贝。而随着铜贝的大量使用，海贝就慢慢被人们遗忘了。

二、规范货币形状

铜贝出现之后，人们的生活中出现了越来越多的人工铸币，比如铲币、刀币等，十分混乱。终于，秦始皇于公元前210年颁布了中国最早的货币法。此后，钱币混乱的现象得以控制。

三、中央铸币

据《汉书·食货志》记载，刘邦建国后，各诸侯国可自行铸币，这种情况一直延续到了元鼎四年。到了汉武帝时期，汉武帝将诸侯国铸币的权利收回，改由中央统一铸造。这之后，每个朝代都沿袭了这一规定，极大地促进了政局的稳定。

四、通宝、元宝的诞生

秦汉以后所铸造的货币，在钱上都会标明钱的重量。到了唐朝，唐高宗改革币制，铸造了"开元通宝"钱，而"开元通宝"也是我国最早的通宝钱币。从此，钱上就不再标明重量了。

五、纸币交子

到了北宋时期，由于铜比较紧缺，而铁钱携带起来又不方便，所以出现了纸质交子。这之后，人们携带钱币就方便了很多，交子在中国的

货币历史上扮演着重要的角色。

六、机制纸币

清朝光绪年间，朝廷开始在国外购买造币机器，制造出银元、铜元等。这种机制钱币的出现，是我国货币史上的一次重大变革。

货币的发展史中不可或缺的一页——"交子"

根据文献的记载和出土文物的佐证，中国货币的起源距今至少已有五千年。从原始贝币到刀币、蚁鼻钱以及后来的方孔钱，这一段属于中国货币的历史可谓源远流长。中国是世界上使用货币较早的国家，当今世界各国使用得最普遍的货币就是纸币，而世界上最早出现的纸币，是中国北宋时期的"交子"。

纸币的出现是货币史上的一大进步。钱币界有人认为中国纸币的起源应当可以追溯到汉武帝时期。汉武帝时期因长年与匈奴作战，导致国库空虚。因此他在铸普通钱币的同时，又发行了"白鹿皮币"。而白鹿皮币也并不是真正的纸币，只能算作纸币的前身，它对后世纸币的诞生自然功不可没。

 小链接

　　汉武帝刘彻因为国库空虚，于是采用皇家汉苑的白鹿皮作为币材，在一尺见方的白鹿皮上做花纹装饰，把其当作钱币发行，每一张价值四十万钱。刘彻为了使更多的人购进这种白鹿皮币，还特别做了规定，王公贵族向皇帝进贡珠宝时，必以这种钱币做珠宝的内衬。刘彻的这一规定并未得到强烈的响应，不久之后，这种钱币也随之夭折了。

师生互动

学生：老师，您只讲了中国的货币，那其他国家的呢，比如英镑？

老师：我现在重点讲一讲英国的货币——英镑。英镑是英国的标准货币单位，由英格兰银行发行。比英镑小的计量单位还有便士，1 英镑等于 100 新便士。现今，流通的纸币中也有 10、20、50 面额的英镑。除此以外，英镑一直是最有价值的基础外汇品种。

你所不知道的货币

◎ 智智一家正在客厅里看电视，电视中播放的是历史节目。

◎ 节目中播放到原始社会，人们在交换商品，智智转向爸爸。

◎ 爸爸被这突如其来的问题噎住了。

◎ 妈妈走过来，温柔地抚摸着智智的脑袋，对智智的好奇心很是满意。

货币的概念

现在，在很多权威的书籍和教材里，针对货币，是如此定义的："从商品中分离出来固定地充当一般等价物的商品，就是货币；货币是商品交换发展到一定阶段的产物。货币的本质就是一般等价物，具有价值尺度、流通手段、支付手段、贮藏手段、世界货币的职能。历史上不同地区曾有过不同的商品交换充当过货币，后来货币商品逐渐过渡为金银等贵金属。"

事实上，货币的本来属性即是一般等价物，是人类社会漫长的历史里，不断进行经济活动的产物。迄今为止，它还在人类的生活里起着不可或缺的作用。

金属货币为主导的钱货交换

如果一件东西比较急需，那么物物交换的确拥有非常好的作用，但是在某种程度上，这种交换方式也有不好的方式。比方，有一天，张三又急切地要用到草药及干果了，他首先打算找李四交换，可是李四当时手头上相当富裕，对张三所拥有的东西看不上眼，就不愿意和张三作交换。张三只好计划和王五作交换，可是王五对张三的物品也没有兴趣。如此一来，张三就几乎交换不到自己迫切要用到的东西了，而且还会把时间及精力浪费于不停找人的交换中。

实际上，不仅仅是张三一个人，任何一个采取物物交换方式的人都可能碰到这种情况。那么，怎么避免这些不好的地方和不适宜的情况呢？别担心，我们的老祖宗是非常有智慧的，他们想办法解决了这个问题。

他们汇聚在同一个地方，大家商量着拿各自家里都有着比较多的数量且非常好保存的东西当做衡量价值的标准。例如，有人把大米看作是一种衡量标准，大家若想换取别的物品，就拿和这样物品价值相等的大米交换。也就是说，张三打算从李四那里换到药草干果，不用再顾虑李四的心情了，只需李四答应，张三就可以扔几斤大米（这即是李四给张三的药草干果所代表的实际价值）给李四，那么这一交易就算真正地成功了。相比之下，这种交换方式要方便很多，大家当然是都非常高兴。

而伴随着历史的车轮不断向前，冶金技术获得了非常大的发展，老

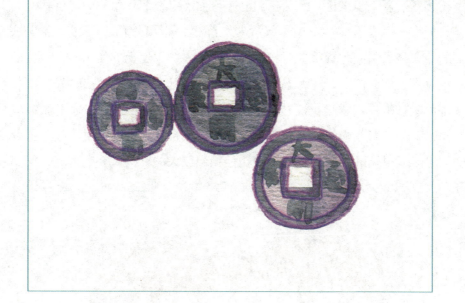

祖宗们终于找到了更加完美的方法——把金属切割后得出的每一部分拿来代表一般等价物！这么做有什么好处呢？通常金属的材质相当硬，并且在那时的历史条件下可以进行大规模地开采。把它们进行切割后，每块都轻巧方便，并且在交换传递的过程中不会磨损。正是由于金属有这么多的好处，所以没过多久，用金属货币当做等价物的情况就成为了一种习惯。

直到真正的法律产生，这一习惯也未曾停止。

有关纸币

我国古时候纸币的表现形式就是交子，它象征着经济发展及改革进入了一个新的阶段。尤其是后面银票的出现，促使了我国票号业的进步，甚至可以说，现今的银行在一定程度而言也是在这一基础上成长起来的。

不过退一步来讲，既然我们已经习惯了拿金属货币作为等价物，为何纸币这一概念又会产生出来呢？实际上，金属货币也并非完美无缺的。拿金属制成的货币去用，尽管在非常大的程度上促使了经济社会的进一步发展，但是，在无限制的流通里，不论是多么不怕磨损的金属，都可能产生一定程度的耗损。据计算，从大家拿黄金当作货币流通以来，有多过两万吨的黄金在造币厂中，抑或是在大家的手里、钱包里及衣物口袋里被磨损殆尽。这笔损耗是相当巨大的。

并且，社会及经济是在不停发展的。在不同的历史阶段，购买相同的物品，所需的货币价值是不相同的。用我们目前的观念而言，整个经济的进步史，也许就是通货膨胀贯穿始终的过程（至于何谓通货膨胀，在之后的章节里会涉及到）。人们所需要的金钱额度越来越高，动辄就是数以万亿来计算。何况，金属并不是可以无限量开采的，它们都是不可再生的珍贵资源。所以从这一点来说，就是货币必须进行改良。

所以汇总多方面的原因、衡量优势和弊端，又可能是由于经济进步的召唤，纸币诞生了。

小链接

天然海贝是最早的等价物，它是一种古时候的钱币。在公元前 21 世纪到公元前 2 世纪，海贝大范围地被中原地区的人们使用着，之后慢慢地被金属货币所替代。"朋"是天然海贝的单位，每一朋为十个海贝。贝在先秦时代拥有币和饰的双重含义。一直至明末清初时期，中国的少数民族区域还在拿天然海贝当作货币。

师生互动

学生："老师，我明白了货币的形态是可以变化的，因为它的本质就是一般等价物，那么纸币的本质是什么呢？一张纸印上不同的面额就能够代表不同的价值吗？"

老师："好，那么我来补充说明纸币的一些概念吧。纸币通常是用柔软的物料——一般是用纸制成的，就现代意义上来说，是由国家或者某些地区发行的、强制使用的价值符号。要特别记住的是，纸币只是一种价值符号，它的本身并不具有实际的价值！"

货币的发行机构

◎ 爸爸在沙发上面阅读晨报，读到一则消息情不自禁地念了出来。

◎ 在一旁玩玩具的智智向其询问。

◎ 爸爸宠溺地看着智智，认真向其解答。说完不好意思地挠了挠头。

◎ 智智嘟着嘴表示抗议。

货币的发行机构

讲到发行货币的单位，就得自古时候说起。古时候，每朝每代，任何一次的政权更替都会在政治体制上产生一系列的变革，尽管封建社会君主制度的基本性质和基础是没有任何改变的，不过具体到各个部门，它们的名称和作用都是不相同的。

秦代的货币机构——治粟内史

"秦始皇废止战国时各国形制和轻重大小各不相同的货币。秦'半两'钱，改以黄金为上币，以镒（二十两）为单位；以秦国旧行的圆形方孔铜钱为下币，文曰半两，重如其文。"

前面这一段话讲的是秦代货币的改革制度，我们都知道，秦始皇对货币及度量衡等关于经济、文化和政治方面的制度进行了统一，还创设了三公九卿制。九卿之一的治粟内史即独立地对秦朝的经济和货币进行管理。实际上就和现在的我国的中国人民银行及很多的西方国家的中央银行差不多。

唐代的经济变革

唐代官府采取的是三省六部制，并未设立专门管理经济的部门，一切的决策和想法都依旧是利用各个部门共同商议决定来施行。

宋代的计省

宋朝的政治经济体制大致沿袭了唐朝的体制，不过在经济机构方面又存在一些改革。宋代创立了三司，即盐铁、户部、度支，主要掌管国家财政，又称之为计省。宋朝所拥有的金属货币以铜钱为主，部分区域采用铁钱或铜、铁两钱兼用的模式。北宋时期，世界上最古老的纸币"交子"在川蜀地区出现并使用，和铜、铁两钱并行；南宋时期，纸币另一代表"会子"和铜、铁两钱同时在东南的广大土地上使用。

不过，不论地区的情况有何不一样，一切的货币制造和发行都需经过国家机构来执行。

清代的皇权经济

清代，是一个把权力高度集中于皇帝的朝代，是我国封建制度的鼎盛时期。不管是政治、军事还是经济方面的大事，都需要最先获得居于南书房及军机处的皇上的同意，货币的发布与发行也是如此。

另外，中国与外国也存在某种程度的沟通，外国货币如英镑、葡萄牙币等纷纷进入中国市场，在某种程度上使得指认货币出现了不少的难题。也就是说，清代的货币发放有点杂乱。

外国发行货币的机构

通常而言，一个国家仅采用专门的一种货币，且由他们国内类似于中国人民银行的政府银行进行发布和管理。但是也有例外，就是许多个国家能够采用相同的一种货币，比方说欧盟国家通行的欧元，西非经济共同体通用的法郎，还有出现于19世纪的拉丁货币同盟。虽然名字不一样，不过它们都能够在特定的区域内传递和使用。

美国联邦储备局

美国的联邦储备局，又可简称为美联储。相信对社会有所关注的小朋友们对于这一名字肯定非常熟悉，它就和"美国联邦调查局"这个名字一样深入人心。但是，这种深刻的印象表达的是另一个层面的意思。

美国联邦储备局是美国在货币政策方面最高级的管理机构，它决定着美元的发放时间、发放数量，以及用哪种形式发布。这就和我国的中国人民银行的职能差不多，都是政府机构，在政府权力安排里具有相当高的地位。

英国的财政大臣

英国政治体制采取的是君主立宪制，地位最高的机构是议会，不过在议会的所属下还设有财政大臣这一职位掌管经济。在英国的内阁里，财政大臣是掌管经济和金融事务的一种官员职位，一般简略称之为财相。国王陛下所拥有的财政机构由财政大臣掌管，这一职位和其他国家所设立的财政部长差不多。财政大臣通常被看作是四大国务大臣里的一个，在近段时间，它的地位仅比首相略低。对英国的经济腾飞及政治制度方面来说，财政大臣这一职位显得特别重要。

中国人民银行

《中华人民共和国宪法》规定："中国人民银行是中华人民共和国的中央银行。中国人民银行在国务院的领导下，制定和实施货币政策，防范和化解金融风险，维护金融稳定。"也就是说，中国现今的经济掌管机构就是中国人民银行，其拥有对货币发放的决策权。

中国人民银行的由来能够追溯至非常早的年代。1931 年 11 月 7 日，在江西瑞金举办的"全国苏维埃第一次代表大会"上，经过举手表决，成立了"中共苏维埃共和国国家银行"，那时又称为苏维埃国家银行，且开始发布属于中国共产党自己的货币。但是在 1948 年，也就是革命就要获得成功的时候，中共领导人们以华北银行为基础，把北海银行及农业银行并到一起，在河北省的省会石家庄市成立了中国人民银行，且开始发放人民币，为革命的胜利奠定了坚实的货币经济基石。

小链接

何谓通货膨胀？

通货膨胀是指由于货币的供给量比货币的实际需求量大，也就是说实际的购买力比所生产的产品的供给量大，导致货币价值降低，而造成的某个时间段里物价普遍且不断地升高的现象。它的本质就是社会所需要的总量比社会所能提供的总量要大（供给比需求量要大许多）。过量地发放纸币、含金量不高的金属货币及信用货币，都可能导致通货膨胀的出现。

简略而言，就是社会供应的物品少了，每个人都想要，需求达不到了。

师生互动

学生："老师，我总是分不清楚中国人民银行、中国银行、中国建设银行、中国工商银行和中国农业银行，甚至还有什么开发银行，融资银行，这些难道不都是银行吗？"

老师："呵呵，中国人民银行，这一章讲过了，是属于政府机构，是管理银行的部门，是银行的银行！而像是中国建设银行和中国工商银行等等都是属于商业银行，可千万不要将它们混淆哦！"

纸币就是货币吗

◎过年了，城市里头张灯结彩，智智家也
  不例外。亲朋好友都来做客，这时候妈
  妈发现智智不在了。

◎智智躲在房间里数着压岁钱，对外面的
  声音充耳不闻。

◎妈妈在房间里找到了智智。

◎智智见到妈妈，顿时眉开眼笑，上前
  讨好。

什么是纸币

　　货币的本质即为一般等价物，这个概念我们都已经明白了，那么后来才产生的纸币呢？它的实质还是一般等价物吗？还是说纸币的产生存在着某些特殊的意义呢？下面我们就共同进入纸币的世界去探寻吧。

　　纸币是替代金属货币施行流通手段这一职能的一种价值符号，它由政府或某些区域发放且强制采用。纸币不属于货币，它仅仅是表现货币

的一种价值符号，它本身并不存在价值，不可以直接执行货币的所有职能。纸币并不是想发行多少就发行多少的，一定要以市场上实际传递所要求的货币数量做限额。

为了避免及减少金属货币在市场传递过程里所出现的磨损，纸币应运而生。它的制造成本不高，保存及携带都非常简单，也有利于结算的时候进行清点。而现今，纸币已经变为了全球所有国家使用得最为广泛的一种货币形式。

纸币的使用历史

随着物品交换的不断变革，货币产生了。货币最先是由人们所公认的一些特定的等价物来充当的，比如贝壳等，后来又变成了金属。但是由于利用金属所铸的货币传递时间长了，就会产生磨损，变得和原来的价值不相当，大家就想采取其他的物品去替代货币进行传递，于是纸币

就应运而生了。

　　我国北宋时代出现在四川成都的一种价值符号——"交子"就是世界上最为古老的纸币。"交子"的产生，方便了商业交流，弥补了现金的不足，是中国货币历史上的一大功绩。另外，"交子"作为中国乃至于全世界最为古老的纸币，其在印刷及版画历史上也拥有着非常崇高的地位，在研究中国古时候纸币的印刷技术方面起着非常重要的作用，是中国金融业对世界金融业所做出的巨大贡献。

　　第一次在欧洲出现的纸币是于 1661 年由瑞典银行发放的，但是当时发放纸币仅是一个缓兵之计。英格兰银行在 1694 年成立，开始发放银单。银单最开始的时候是用笔手写的，之后才改为机器印刷。

　　全世界的纸币种类一共有两百多种，它们在全世界的 193 个独立国家和部分地区流通着。作为每个国家最主要的货币形式的纸币，精致、多角度地反映了那个国家的历史文化的横截面，为世界上各国人民之间的经济往来构建了桥梁。世界上最重要的纸币分别为：美元、人民币、英镑、欧元及日元等。

除了交子还有会子!

"会子"的名字来源于北宋时期,它是一种取钱财的凭据,就像我们现在用的存款单那样。出现在记载里的名称有许多,例如:会子、寄附钱物会子、钱会子、铅锡会子等。公元 1075 年,即宋神宗继位的第八年,吕惠卿在对陕西交子进行讨论时说:"自可依西川法,令民间自纳钱请交子,即是会子。自家有钱,便得会子。动无钱,谁肯将钱来取会子?"

会子是存钱及取钱的一种凭据,和它相应的,还存在寄附铺,也就和现今的银行差不多。不过它的职能要少许多,毕竟古代的经济体系远没有现代社会这么完善和发达。

讲起会子，就不得不聊聊宋孝宗了。宋孝宗是我国历史上把稳定纸币的币值看得最为重要的皇帝，他说过的很多关于管理纸币的言论都被流传了下来，说他是一位经济学帝王实在是毫不夸张。淳熙十年，在他见到新印刷的会子的额度时，言道："新印会子比旧又增多。大凡行用会子，少则重，多则轻。"这一言论就相当质朴地说明了纸币传递的规律。对于宋代数量不怎么多的"明君"而言，宋孝宗可算得上是"明君"之一。

小链接

抗日战争取得成功后，国民党挑起内战，耗损了巨大的财富，导致财政赤字呈直线上升，物价拼命地上涨，使得国民党所辖区域内的社会经济呈现出非常混乱的态势。南京国民党政府想要让自己免于崩溃，就发放一种称为"本位货币"的纸币。它最先发放于1948年8月19日。

师生互动

学生："老师，将来会不会有一天我们都用不上纸币了？纸币会被其他形态的货币取代吗？"

老师："这是肯定的。我们现在已经有这样的趋势了，现在已经出现了很多支付方式，人们不需要用硬币或者纸币，就可以完成支付。说不定以后我们再也见不到纸币了，所有的交易都可以通过电脑和互联网来完成！"

货币政策是什么

◎爸爸在看新闻的时候突然发火。

◎智智妈妈上前询问，表示惊讶。

◎智智上前故作老成地对他俩说话。智智
　爸妈被惊得"掉下了一地的牙"。

◎智智见他们惊讶的样子，扑哧笑出声

什么是货币政策

　　想要制造一副球拍，不仅需打造出适合且坚硬的骨架，还需选择不容易崩断的非常好的弦。另外，也不可以缺少把球拍装起来的布套及袋子，缺少任何一个环节，都不可以制造出完整的球拍。球拍制造的过程，就和货币被铸造的过程差不多，制造单位就是货币的发放单位。那么，怎样才可以在经济生活里令货币把其应该具备的效能都发挥出来呢？一副球拍是不是还少了些什么？

那就是与之适应的球。

货币在生活里估算着物品的价值，它所具备的许多职能都被聪明的人们给发掘出来了。不过在市场的流通中，货币同样会产生这样那样的问题。因此，我们必须把它的实际效能给发挥出来。

这就必须要求货币政策参与进来进行引导了。

简单说来，货币政策，是国家及其所属的中央银行想要对该国的经济走势及发展造成正面影响而施行的一整套措施。在经济社会的发展里，这些机构会对货币的发放量进行调节，对通货膨胀进行控制，以达到提高就业水平、平稳经济、促进经济发展等目的。货币政策的定义有广泛含义及狭窄含义两种说法。货币政策的广泛含义是说政府所有和金融活动的调节相关的措施，所包含的范围相当广，中国人民银行并非唯一的行使主体；货币政策的狭窄含义是指中国人民银行为了达到一定的经济目的而采取的各种控制及调节供应额度或信用额度的方向和举措的总称。其中包含利率政策、信贷政策及外汇政策等，使用范围上要窄许多。

实行货币政策的作用

　　球拍与球彼此组合，才可以解释运动的含义，货币及货币政策也与此差不多。只有正确的货币政策，才会给经济社会民生带来无可限量的好处。

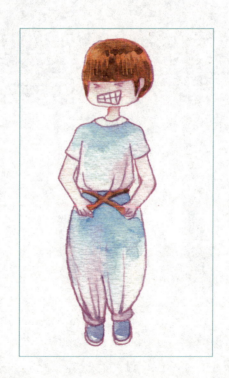

　　货币政策所采取的积极模式是利用增强货币供应的增长速率来激励总的需求量，在这一政策下，获得信贷更加简单，利息率会随之变低。所以，当社会整个的经济发展产生滞缓且大家的投资情绪都很低的时

候，国家常常使用积极模式的货币政策。换句话说，在这个阶段里，国家鼓励大家消费及投资，要求各家各户常购物，常旅游，多消费，最终促进货币的传递以及经济的健康发展。

但是在通货膨胀比较严峻的阶段，大家就要把自己系在腰上的皮带给勒紧了！原因是在这一阶段，国家会使用消极模式的货币政策。这里的消极指的并非低落的情绪及结果，而仅仅是一种方法和措施。在这一模式下，获得信贷比较不易，利息率也会随着上扬。所以，在通货膨胀相当严峻的阶段，使用消极模式的货币政策是最为适宜的。常常可以于经济过热的情况下令它降降温！

货币政策使用得宜，能够提高就业水平，保障大家的生活水平及物质需求，对社会的平稳和和谐是非常有利的。

货币政策的最终目标

进行一场球赛的最终目的就是要获得比赛的成功。

货币政策的最终目的和球赛的实质是相同的，就是获得经济的长期发展。

在货币政策的目的里，我们现今已经认同的有平稳物价、预先充分就业、促使经济发展及令国际收支平衡这四个。

人们对于前面的三个目的都相当熟悉，那么第四个呢？所谓"国际收支"是什么？我们所说的国际收支是指某一个阶段内一个国家与国外的经济交流的汇总表。下面，我们一起来看看美国的例子。

美国所有国际收支情况是一个相当于家庭或者公司能够用来记载收入和支出的账本。在国际收支里，美国以外的人去到美国所流入的金钱是收入，用正的数字记载在册。收入包含因为购买美国所产生的商品和提供的服务、外国人购买美国的资产所付出的钱财，以及美国人民从外国人那里所得到的赠品等所形成的收益。

支出就是指美国到其他国家的人的财产流出，它是采取负号记载的，与收益是完全相反的。支出通常包含：对外国的产品及服务进行购买；美国的家庭或公司向外国购买资产所支出的费用；对美国以外的国家的人民进行馈赠，对外援助也是包含在内的。

如此看来就相当清楚了，这和我们把家里的收益及支出制作为一个汇总表，好方便我们进行查看及比较的情况差不多。唯一的区别在于，国际收支指的是一个国家，也就是一个大的家庭。

小链接

王安石变法里的与货币税收有关的政策

方田均税：公元 1071 年八月，也就是宋孝宗在位的熙宁四年，司农寺设立了《方田均税条约》，由"方田"和"均税"两

大部分组成。"方田"即是在每年的九月份由各县县长进行土地丈量，根据土壤肥瘠的情况把土地分为五等，"均税"是用"方田"丈量所获得的结果作为凭据，设定税数。方田均税法就是把豪强地主们所虚报的土地给清理出来。这不但给朝廷增加了财政收入，还为农民减轻了负担。由于这种办法让大官僚地主们的利益遭受了非常重大的损害，所以他们对方田均税条约持强烈的反对意见。

师生互动

学生："货币政策真的是关乎经济发展的成败啊！我想问的是王安石变法。我查阅了相关资料，是说一代名相最终失败了，最主要的原因是什么呢？政策不可取吗？"

老师："是时代不饶人呐。王安石的那个年代，是北宋皇帝宋神宗掌权的时候，虽然这位皇帝也有新变革，奈何封建势力、大地主大官僚的利益枝丫伸得太远。王安石的举措，特别是有关税收和理财还有货币方面的，遭到了这些有权有势的群体的反对，而王安石最大的保护伞——宋神宗，在改革的关键时刻心里也打起鼓来了，他的动摇对变法是致命的。最终，王安石的变法，黯然收场了。"

基金是怎么回事

◎ 这天，一位阿姨来家做客，妈妈出来迎接。

◎ 阿姨很开心地对智智妈妈表明了来意。

◎ 一听有饭吃，智智一下跳到沙发上，搂着阿姨的脖子不松手。

◎ 智智妈妈笑笑，心头却翻江倒海。

何为基金

　　近来张三手上有一些钱，这是他刚通过创业取得的第一桶金，他正想着怎样使用这笔钱。有朋友建议他到股市里去炒股，通过这一方式可以达到钱生钱的目的。最后，张三从这笔钱里拿出了一部分，投入了那时正处牛市的股市。然而张三正处在创业期，每天都特别忙，根本就顾不上自己的股票。没多久，他购买的那支股票便跌了，因为这，张三特别后悔选择了投钱入股市。

　　他找到王五，寻找解决的办法。王五略一思忖，就给他想了个主意——王五介绍了一家公司，让张三将炒股的钱交给这家公司，这家公司便会在张三忙于自己事业的时候帮他盯着与股市相关的信息。同时，这家公司里还有许多比张三专业的专家坐镇。一开始的时候，张三并不怎么放心，随后他又询问了好朋友赵六的意见，发现赵六由于自己炒股亏损也选择了相同的办法。

　　由于张三实在是太忙了，很长一段时间都没有去过问炒股的那笔钱的信息。后来他接到了那家公司打来的电话。对方告诉张三，他所购买的那支股票赚钱了。张三觉得不可思议，却还是喜笑颜开。

　　实际上，那家公司便是基金公司，这种让其他人员代为炒股的方法，便是购买基金。

　　跟张三一样有多余的钱的人想要投资股票，而自己却没有精力及专业知识，同时钱也不是很多，便想和其他的几个人一起合伙进行出资，雇佣一个专业投资人，操作大家共同所出的资产来赚钱。可是这里面，假如每一个投资人都去和专业投资人进行交流，便会出现混乱的局面，所以就推举其中一个最懂证券的人牵头办这件事情。然后定期从大家合出的资产里根据一定比例提成给他，由他代替合伙人付给专业投资人劳力费及报酬。自然，他应该要牵头出力办各种各样的事情，就连挨家跑腿也含在了里面，同时还要随时向专业投资人提醒与风险相关的事宜，并且还应该定期向合伙人宣布投资盈亏情况等，他肯定也是不能白忙活的，提成里面也包含了他的劳务费，以上这些事宜便称作合伙投资。

把这种合伙投资的模式最大限度地扩大，便是基金。

把鸡蛋分散在不同的篮子里

不管什么样的投资行为，或多或少都会有一定的风险。投资基金的特点是它是由专业人士进行管理的，并以组合投资的方法将风险分散。

这种类型的投资具有一定的专业性及科学性，可是也并不是说一点风险也没有。不管是什么操作模式，都要看操作方式及市场的大背景。鸡蛋也不可以都放在一个篮子里头，要把金钱分散开，实行良性投资。

钱就好像是鸡蛋，而基金，股票，储蓄就好像是不同的篮子。要是盲目地把所有的鸡蛋硬塞进一个篮子里面，一个不小心，所有的鸡蛋均会受到损害，都会被打破。如果将其分散来放便不同了，把所有的鸡蛋根据不同的比例装起来，如果一筐打碎了，还有另外几筐是好的，或许你还会获得意想不到的收获。

国外少年儿童的理财观念

基金跟股票一样，是一种被很多人选择的理财方式。但是有许多小朋友都觉得，理财是大人们的事情，孩子根本就无需明白这方面的知识。其实，这仅是许多中国人特别片面的看法。实际上在国外，许多跟

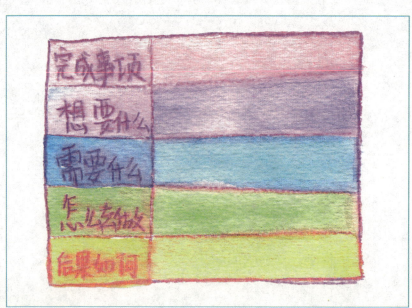

我们同龄的孩子都会早早开始尝试与投资相关的事宜，更会进行与货币相关的实际性操作。尽管通常情况这些操作都比较基础，可是这样的经历却可以帮助他们形成良好的价值观。这不但是孩童时代的一次经历，更与其理财观念有着莫大的联系。国外的孩子每天都会把自己的收支制成表格，写在电脑上，或者手写在本子上。他们特别清楚自己想要什么，需要怎样的东西，这已然成为了国外孩子的习惯。具有精明的头脑及理性的观念，同时还具备节俭的特点，这便是国外同龄人的真实写照。

所以，小朋友们不要老是局限在课堂里，还应该走出去，进行实践及操作，才可以较好地理解知识，丰富自己的头脑。

小链接

购买基金时需要注意的问题：

一、按照自己的风险随能力及投资目的选择基金品种的比例。选择最适合自己的基金，如果你想要购买偏股型基金，则应该设置投资上限。

二、不要买错"基金"。基金的流行也造成了一些伪劣产品的出现，大家应该注意鉴别。

三、应该对自己的账户实施后期养护。基金尽管省心，可也不能就这样扔着，不去管它。将关注基金网站新公告作为一种习惯，这样自己便可以更加全面且及时地了解与自己所购买基金相关的事宜。

四、购买基金不能太在乎其净值。实际上，基金收益的高低只和净值增长率相关。如果基金净值增长率处于领先地位，那么你的收益自然便会增高。

假如你的家长或其他长辈想要购买基金，你可以给他们一点小建议，或许长辈们会对你另眼相看哦！

　　学生："老师，究竟什么样的投资才是最保险的呢？"

　　老师："投资的方式有很多，但是说不上哪一种一定会赚钱，每一种投资方式都有利有弊。譬如股票，高风险但是高回报，就看人们敢不敢一搏；譬如储蓄，安全是安全了，不过赚不了钱，甚至还会贬值；再有就是基金了，相对而言，基金还是比较稳健和安全的。"

外汇是什么

◎智智的表哥从美国回来。到家里看望
智智。

◎表哥从钱包里掏出一张绿色的纸币，让
得智智瞪圆了眼睛。

◎表哥一把按住智智的脑袋，瞥了他
一眼。

◎智智直喊疼。

不平等的外汇

    明天便是国庆节了，按例张三公司将放七天假。趁着放假，张三想去国外走走，这次他想去的地方是美国。对于张三来说，出国有许多事情要办，比如到了美国，那里的人不收人民币该如何是好？在那里日常生活，购物及消费用的均是美元，而应该如何把人民币换成美元，又该到哪里去兑换呢？这些问题可难倒了张三。李四听说了张三的苦恼，便

告诉李三，他可以去中国银行办理人民币兑换相应美元的业务。

张三带上十万元人民币，高高兴兴地去了中国银行，根据李四的方法把人民币换成了美元。可是一出银行门，张三就不开心了，原本那么厚的一摞钱，最后却变薄了许多！这件事情让张三特别沮丧，这到底该怎么办呢？

这时李四走到张三面前，在弄清了张三沮丧的原委之后，笑着对张三说："人民币与美元之间具有一定的比例关系。比方说：1千元人民币只可兑换成161.3美元，而10万人民币，换算一下，就只有16130美元了。"不过李四最后表示：价值却是一样的。

张三听了李四的解释后，心里的不安终于烟消云散了。

从专业角度来说，外汇是用外币表示的用来进行国际结算的一种支付凭证。然而按照国际货币基金组织的说法，外

汇便是货币行政当局（中央银行，货币机构，外汇平准基金及财政部）通过银行存款，财政部库券及长短期政府证券等形式而持有的在国际收支逆差时能够使用的债权。

这看上去特别复杂，实际上就是指不同国家、不同货币之间的交易及结算，两者根本就是一回事。

不同国家所发行的货币，特别是纸币，尽管有些的面额一样，可是它们所代表的价值却是不同的。就如张三所碰到的一样。一千元人民币，仅能兑换到一百多美元。不明白兑换比例的人肯定很难接受，为何我的钱出现了"缩水"呢？实际上并不是像他们所想的那样，一千人民币可以买到的东西，在美国只需要花一百多美元便可以买到。尽管说起来好像多了许多钱，实际上这两者真正代表的，以及其衡量的价值都是一样的。

汇率

如果你要问为什么会出现这样的结果，那便得提到与"汇率"相关的问题！

汇率，属于两种货币之间的兑换比率，也可以将其看成是一个国家的货币相对于另外一种货币的价值。汇率又属于各个国家为了达到自己的政治目的而实施的一种金融手段！汇率会受到多种因素的影响，比方说利率，通货膨胀，国家政治及国家经济等，它便是一座将两国货币连在一起的桥梁。

不同的汇率便是造成各国间货币看上去"不平等"的最终原因。

多姿多彩的各国货币

美元

美元正面为该国历史上知名人物图像，背面则为图画。此外还有500 元及 500 元以上面值的钞票，这些钞票背面是没有图画的，并且这些钞票的流通量也是特别少的。从 1963 年开始，之后出版的钞票，在其背面画面的上方，抑或下方又加上了这样的一句话："IN GOD WE TRUST"（意为我们信仰上帝）。1996 年，美国开始出版一种拥有新型

防伪特征的纸币。100 元券是在第一次出版时出现的。美元图样中的中心字母，抑或阿拉伯数字分别表示着美国的 12 家联邦储备银行的名字。

6 元人民币只能交换 1 美元。

英镑

英国的本国货币为英镑，它是由英格兰银行发行的。1971 年英格

兰银行颁布了新的货币进位制，其辅币单位变成了便士（New Penny），100 新便士便是 1 英镑。在市场上进行流通的纸币有许多种，它们分别是面值为 5，10，20，及 50 的英镑，此外市场上还有 1，2，5，10 及 50 的便士和 1 英镑的铸币。

9.5 元人民币才可兑换 1 英镑。

日元

日元是日本本国货币，它是由日本银行发行的。其面额有 10000，5000，1000，500，100，50，10，5 及 1 元等，此外还有 500，100，50，10，5 及 1 元铸币。日元正面所使用的文字均为汉字，其上端中央位置则印着"日本银行券"字样，每一种钞票均没有发行日期。发行单位负责人所使用的形式为印章，也就是其票面上均印有两个红色的图章：一个是"总裁之印"，另一个则是"发券局长"。

6 元人民币相当于 100 日元，也就是说 100 日元才可兑换 6 元人民币。

小链接

如果你要问中国货币史上最大面值的货币是多少，那么你将得到的答案是面值为"六十亿"元的金圆券。20 世纪 30 年代中期，当时中国正处于国民党政府的统治之下，新疆省便发行了一枚价值为六十亿的金圆券。由于国民党政府不顾市场需求，盲目发行纸币，建立了巨大的垄断金融体系"四行两局"，导致通货膨胀情况异常严重，这张面值为 60 亿的金圆券折合为金圆券仅为 1 万元，在那个时候的上海市场上仅仅只可买到 70 粒大米，然而金圆券所具有的价值也是特别低的。

师生互动

学生："老师，我想请问各国间的汇率是否会变化，还是说一直固定着？"

老师："汇率是浮动变化的。就像几年前 1 美元能够换 8 元人民币，现在只能换到 6 元多一点。这就是变化。"

错版币的收藏价值

◎爷爷难得来到智智家里，智智很开心。

◎被智智这么一溜须拍马，爷爷顿时笑逐颜开，取出一个东西，递给智智。

◎智智不以为然。

◎妈妈听见了，走过来敲了敲智智的脑袋。

所谓错版币

　　有听说过收藏笔墨纸砚字画的，看到过收藏石头和玉的，也有喜好收藏钱币纪念钞的。这些都属于比较传统的收藏，和张三最近痴迷上的收藏错版币一比，真是有种小巫见大巫的感觉！经人介绍，张三近段时间以来喜欢上了收藏错版币，据说这所谓的错版币在收藏市场上别有乾坤，价值连城。

李四不信邪，非要说堂堂正正的纪念币收藏价值比错版币来得大，要与张三一比高低。于是张三李四哥俩儿一个收藏错版币，一个收藏纪念币。刚开始的时候，纪念币的价值不断攀升，一直走俏，李四喜上眉梢；而张三的错版币却无人问津。可是"好景不长"，纪念币的领跑优势没有持续下去，有一位收藏大师看中了张三的绝版错版币，花了大价钱与他交换，声称错版币在收藏市场上潜力巨大，不可估量。让张三李四着实吃了一惊。

错版币真的具有这样大的收藏价值吗？这还没有一个定论，答案也正在争论之中，至今没有一个确切的说法。

错版币指的是在设计上，抑或是母版雕刻时出现过错误的钱币，而印刷过程里的漏印并不能归于错版的范畴。货币由于质量缺陷而造成的"残次品"只可属于残次币，而不能归于错版币，错币包含了残次品。由于残次币较少进入市场，某些人便会借机炒作，进行投机，从而牟取暴利。收藏应该遵循的原则是少、新、奇。换句话说：罕见的和奇特的物品便具有收藏意义，而这些特点也决定了这种藏品的价值。然而错版人民币则属于另外一回事，在国际及国内拍卖市场上，从来都没有出现过错版人民币进行拍卖的，因此客观上讲，我们很难确定错版人民币的收藏价值到底有多大。因此，通常在购买及收藏错版人民币时，应该先想一下是不是会给自己带来不必要的经济损失。

可是近些年来，情况变发生了一些变化，错版币的收藏慢慢变得火热起来，好像已经有了超过纪念钞的趋势。这其中肯定有人进行了炒作，然而这一趋势也从侧面表明了错版币是具有一定收藏价值的。收藏者中有许多像张三那样的人，说不准错版币在一些痴迷收藏的人眼里便是无价之宝！

错版币的分类

（一）倒水印的错版币

此处所说的倒水印指的是钞票上面的水印跟正常纸币水印位置相反。

（二）同号票的错版币

此处所说的同号票指的是两张同种纸币上的号码是相同的。

（三）露白票的错版币

此处所说的露白票指的是印钞厂在生产纸币的过程里均是自动输送运输的，由白纸再到成品需要通过多道工序，如果这些工序里的一道出现了纸张折叠的情况，那么钞票上便会出现露白，而这张纸币便属于露白票。

（四）漏印票的错版币

此处所说的漏印票指的是纸币上的号码，抑或花纹图案出现了遗漏的情况。

区分哪些属于真正的错版币，而哪些属于冒牌货，也应该遵循一定

的方法，属于一种眼力活！

比方说，水印出现位移，票面的飞白残次及裁剪偏差，等等，这些只属于印刷流程里出现的错误，并不是错版币的特征，因此不具有错版币的真正价值。收藏者应该对这些种类加以区分。不然就特别容易买到冒牌货，这样你便会遭受巨大的损失。

争论

一件事情所引起的关注始终都存在两个方面，甚至多个方面。有的事情可能会在受到人们的肯定的同时受到其他人的否定，这一点在收藏界特别明显。所以，即便是权威人士也无法断言错版币是不是具有某些人心里所期待的那种巨大价值。与之相反，差不多所有的专家都特别小心，害怕自己的言论会给舆论及收藏带来不利的影响。

有些人觉得错版币是肯定没有收藏价值的，他们之所以会这样认为，原因通常有两个：第一，从新中国建立以来，中国在货币发行及流行方面做得特别到位，根本不存在错版币进入市场这一说，收藏就更谈不上了；第二，即使有错版币，其数量也是特别稀少的，根本就不具备大众收藏的价值，所以他们对于错版币的收藏持反对态度，当然他们也不会把目光放在收藏错版币上面去。

可是反方的观点也特别有力。他们觉得物以稀为贵，这是亘古不变的真理，提到错版币是否存在这一问题，他们态度特别鲜明，他们觉得是人便会犯错，因此错版币肯定是存在的，并且已然可以形成一定的价值及规模，因此它们是值得收藏的。

身为错版币的收藏者，张三也参加了这场讨论。可是最终还是没有得到一个明确的结果。

对于错版币的收藏，对于货币，争议便从未停止过，并且将会一直争论下去。

小链接

对于错版币，特别是错版硬币的收藏，最有名的便是"龙凤呈祥"事件了。2000年，中国发行了"龙凤呈祥"彩银错版币，这一错版币在近年来受到了市场的狂炒，在20多天的时候里，其价值就上涨了将近5万元。由于错版的概念，"龙凤呈祥"这一错版币受到了许多收藏者的关注。

师生互动

学生："老师只讲了我们国家的错版币收藏，那么国外的错版币收藏流行吗？受争议大吗？"

老师："国外当然也有错版币收藏市场，这是客观的，每个国家的货币发行机构或多或少或大或小都会出错。但是，国外对于错版币的收藏相比我们国家来说要冷静和理性一些。外国人没有那么投机，并不会一拥而上，一股脑儿地全都去投资错版币。"

货币里的传统——银行小窥

◎新学期到了，要交学费，学校要求直接
  银行转账，不收现金。爸爸准备前往
  银行。

◎智智从房间里出来。

◎智智爸爸摊了摊手。

◎智智认真地思考了一下，摇了摇头。

银行概念初窥

猜个字谜，打一个词。

什么样的地方里的人天天数钱，夜夜和金钱打交道呢？又是哪里的人可以让人们心甘情愿地把自己的血汗钱交给他们呢？他们不仅是财主，坐着收钱，还是贷款者，能放出财产。

猜出来了吗？对，这个地方就是银行，这些收钱的"地主老财"，就是银行中的工作人员了。

张三的公司最近有了一点麻烦，陷入了资金周转困难的局面。他现在迫切需要金钱的支援。他找李四借，可是李四没有那么多的积蓄。他找王五匀了点儿，可是还是不够。情急之下，张三找来了在银行工作的朋友杨六，询问他有什么好点子。果不其然，杨六告诉他可以找银行贷款，一定限额内的资金只要有担保就可以向银行借出来。

杨六帮助张三解了燃眉之急，张三又恢复了以往乐呵呵的模样。

根据大众较为赞同的说法，银行属于通过存款、借款、汇总及储蓄等业务，承担信用中介的一种金融机构，它属于金融机构之一，同时也是最重要的金融机构，其最重要的业务范围包括吸收公众存款、发放借款和办理票据贴现等。在中国，中国人民银行便是其中央银行。

对于银行这一名字的来历，特别有趣。相传该词最早起源于意大利，其原来的意思为"长凳与椅子"，是那时市场上货币兑换商进行营业的工具。随后传到了英国，转变成了英语里的"Ban"一词，其意为存钱的柜子。可是在中国，由于历史传统，很多朝代均使用金银，尤其是银充当作为制作货币的金属，所以中国人对于银相当敏感，将其看成是财富的象征。银在中国古代文献的注解里，便是用来代表机构的用语。银行便顺理成章地称作银行了，这也是银行之所以叫做银行的原因。

银行的起源

大家通常认为世界上最早的银行是 1407 年在意大利威尼斯所成立的银行。其后便是在荷兰阿姆斯特丹、德国的汉堡及英国伦敦后先成立的那时所谓的银行。十八世纪末到十九世纪初，银行开始流行起来。

17 世纪时，一部分平民通过经商赚到了钱，变成了有钱人。他们为了保险起见，便把钱都藏到了国王的金库中。这里应该注意，当时还没有纸币，所谓的存钱便是指存放黄金。由于当时实行的是"自由铸币制度"，不管哪个人均可以将金块拿到铸币厂里去，制作成金币，因此铸币厂同意顾客存放黄金。

然而不幸的是：这些商人根本就没有想到，铸币厂是归国王所有的，假如国王想使用铸币厂中的黄金，那么任何人也不能阻止。1638年，英国的国王，也就是查理一世与苏格兰贵族之间发生了战争，为了筹集资金，他便征用了平民们存放在铸币厂里的黄金。

尽管被征用的黄金最后都还给了之前的主人，可是商人们觉得：铸币厂已经不安全了。因此，他们便将钱存到了金匠那里。金匠便给存钱的人开立凭证，以后只需带着这张凭证，便能够把黄金取出来。

不久之后，商人们又发现：想要用钱时，根本不必要把黄金取出来，只需要把黄金凭证交给对方便可以了。

随后，金匠又意识到：原来自己所开立的凭证，竟然具有货币的效力！他们受不了诱惑，便开始开"假凭证"。然而神奇的是，如果所有的客户不是在同一天来取黄金，那么"假凭证"便具有"真凭证"相等的效力。这便是现代银行里"准备金制度"的雏形，更是"货币创造"机制的起源。银行体系能够把信用货币的数量放大，而实体货物是不可能做到这一点的。

当时是 17 世纪 60 年代末，现代银行便是在那个时候出现的。

这里应该注意的是：金匠便是那个时代的个体户，属于民间人士，与政府是没有任何联系的。因此世界上早期银行均是私人银行，最早的银行券也是由私人发行的，最主要的原因便在这里。

银行靠什么赚钱?

大家都知道,如果你把金钱存到银行里,过了一定的时间,那么银行便会支付给我们一定的利息。然而银行毕竟不属于慈善机构,它肯定是以营利为目的的。那么,银行又是怎样赚钱的呢?

通常情况下,银行所进行的业务主要为负债业务、资产业务及中间业务。

储蓄是负债业务里最重要的业务,占到了负债业务的七成还多;然而贷款业务则属于银行的主体业务,这一部分的利润是特别大的。中间业务则是指结算等,也属于一项特别重要的工作。

　　英国《银行家》杂志报出了 2012 年"全球 1000 家大银行"的排名，中国工商银行凭借税前 432 亿美元的数据再次位于利润榜榜首位置。可是，正是这家如今全球最赚钱的银行，在成立后不足三十年的时间里，经历了由"计划"到市场的转变，更经历了由不良债务缠身到日赚近 6 亿的转变，这真是一个奇迹。

师生互动

　　学生："老师，既然银行这么赚钱，它会倒闭吗？"

　　老师："银行也是企业，是经济组织，是市场经济的参与者，也会倒闭，其中的巴林银行倒闭事件非常有名。有时间的话，你们可以去查阅相关的资料，略作了解。"

金钱心理学

◎ 课堂上，老师神情严肃。

◎ 这是一节公开课，可是智智却在打瞌睡。

◎ 老师发现了正在打盹儿的智智，顿时怒火中烧。

◎ 智智被同桌叫醒，迷迷糊糊。说完嘿嘿笑了，惹得全班哄堂大笑。

金钱心理学

最近张三成了一位哲学家，时常在思考人和金钱的问题。金钱是什么？货币和人的内心又有怎样的联系？有没有一门关于货币的心理学课程研究？事实上，这或许也是其他人们所感兴趣的问题。

有没有金钱心理学或者货币心理学呢？金钱与人应该处在什么样的位置、建立怎样的联系呢？货币的滥发和使用会逐渐泯灭人心吗？

这一系列的问题如何解决？请看金钱心理学。

金钱心理学是一种把金钱针对人性的意义当作研究对象的心理学分支学科。金钱是一种货币，同时它也是人民生活水平的一种标志，没有钱是不可能在这个社会生存的。在心理学研究里，始终把金钱看成是一种行为诱因，可是当人拥有一定的金钱之后，金钱与幸福的关系又是怎样的呢？

大家都知道：钱是无法买到幸福的。尽管这句话是绝对正确的，可是贫穷同样也无法换来幸福。有些人特别有钱，却还是为得不到幸福而烦恼；与之相反，有些人虽然只拥有少量的钱，可是他们仍可以开心地过一辈子，那是由于他们知道最大限度地享受自己所拥有的东西。

如何正确看待金钱

珍惜简单纯朴的生活

生活的目的并非拼命积累金钱，我们应该学会珍惜我们现在拥有

的，并对自己所拥有的生活心存感恩。打个比方，假如我们将房间里用不着的东西扔出去，那么你的房间将变得异常宽敞，也可以带给你一种自由的感觉。

假如你觉得幸福源于对财产的拥有的话，那么你便大错特错了。如果一点财产便可以让你觉得满足，你便会觉得幸福。那么我们的幸福不是我们拥有什么，而是因为我们内心所具有的满足感。

不要做金钱的奴隶

你是否会由于花钱而心痛，假如你买的那些是必须要用的东西呢？甚至就如比尔·盖茨先生也会由于花钱而觉得不高兴一样，有人说他坐飞机时，一般均选择经济舱，而非头等舱。可是实际的问题是：如果你不想花钱，那么挣钱也就不再有意义。

对待金钱的正确态度是将其看作是一个循环流动的过程，换句话说，花钱可以让更多的钱进入我们的生活，不要像修个水坝一般将所有的钱都放在里面；我们应该将钱花出去，花在那些有意义的事情上，蓄水除了可以用来发电以外，不具有其他任何意义；相同的道理，假如我们存钱是由于花钱太痛苦的话，那么存钱也就失去了它原本的意义。

尽量不去担心钱的问题

假如我们只是把钱看作是我们生活中很小的一部分，甚至不去想与钱有关的问题，那么我们将变得特别快乐。为了达到这一点，我们应该尽可能避免出现欠债的情况，因为一般身负债务是特别难摆脱的。学会根据你的计划去消费，而非冲动消费。假如你的确需要借款，那么首先你必须有一个相当完善的计划，再挑选一个能够接受的合理借款项目。

切勿嫉妒

无论你有多少钱，你是否都特别嫉妒那些比你有钱的人呢？有一项调查是问人们是不是愿意选择一份高于国家平均水平的薪水，他们本来可以选择在其他的国家收获一份比较高的工资，然而这份工资却是低于这国平均水平的。可是让人们感到意外的是：他们中的许多人都选择在一个平均水平较低的国家里拿那份并没有多高的薪水，仅仅由于这份薪水比平均水平要高。

我认为这个想法是错误的，别人比你有钱并不能成为你不幸福的理由。其他人过得特别充实属于一件好事，不要仅由于自己没有超过身边的人就觉得特别痛苦。

理解为什么有些人总是很穷

许多人都有一些喜欢抱怨钱的朋友，无论在什么情况下，他们的钱老是不够花，他们老是诉苦，缺钱让他们特别不开心。可是他们却不知

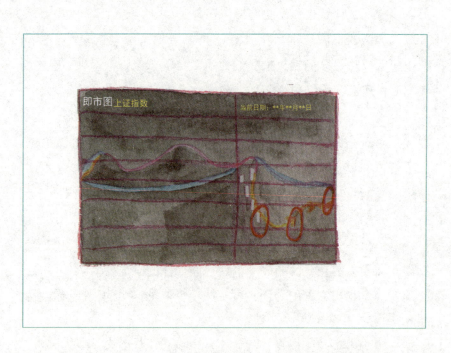

道应该如何改变这状况，就算给他们钱也无法解决他们的问题，这主要是由于他们在财政方面老是会做一些错误的决定。

部分问题来自于他们的潜意识，他们特别容易便习惯了贫穷。甚至

在他们的心里，希望贫穷可以早点到来。心中有这种想法，那么他们便特别容易意识到自我怜悯及后悔，因此也就很难赚到钱。解决这一问题的办法便是想办法让他改变习惯及想法。当然，试着改变他们的习惯时要小心一些，因为这个是特别容易遭遇失败的。

小链接

资产阶级金钱观具有两个特点：第一，金钱至上，他们由本阶级及个人私利出发，将金钱放在了特别重要的位置，一切朝钱看。如果可以获得金钱，那么他们什么事都敢做；第二，金钱万能。他们过分地夸大金钱的作用，并宣称"有钱可使鬼推磨"，金钱便是一切，便是幸福。

我们从小便要树立正确的金钱观。

师生互动

学生："老师，现在听得最多的就是拜金主义了，拜金主义是什么呢？"

老师："拜金主义就是对金钱痴迷，为金钱不顾一切。事事为了钱，时时刻刻想着怎么不择手段得到尽可能多的钱，认为金钱是万能的。拜金主义是一种金钱至上的思想道德观念，认为金钱不仅万能，而且是衡量一切行为的标准。是一种极为错误的思想。"

"剪羊毛"行动

◎智智的同班同学美美蹲在角落里哭。

◎智智出于男性的本能,上前去安慰她。

◎美美抬头,越哭越大声。

◎智智好似若有所思。

何为剪羊毛，羊是谁？

剪羊毛一词原本并没有其他的意思，只是单纯的一个行为，就是为羊剪皮毛。那它是什么时候变得不单纯的呢？事实上，随着经济的发展，特别是当经济成为了独立的学科之后，这种说法才逐渐被比喻化，成为了经济学上的一个专业术语。

张三最近在看与经济有关的书籍，他觉得这个词语听着像是剥夺者的代称，有一种富人对穷人的剥削在里头。于是他便开始研究起来，要一探究竟。

剪羊毛属于银行家范围里的一个专业术语，它指的是利用经济繁荣及衰退这一过程所创造出来的机会，用正常价格的几分之一获得其他人的财富。简单点说，便是花更少的钱做成一笔生意。如果银行家控制了某个国家的货币发行大权，经济的繁荣及衰退也就变成了能够精确掌控的过程，这时候的剪羊毛举动对于银行家而言，便如同是从靠打猎生活的游牧阶段转变到了已经获得稳定收入的高产阶段一样。可是接受他们资金的那些个人，公司，甚至于国家，便成为了那些银行家剪刀下颤抖的羔羊了！

这确实属于一种掠夺，属于对资本的剥削，只有在那些经济大国里的精于算计的银行家才可以做得出来。

美国的剪羊毛

第一次世界大战为美国带来了空前的繁荣，大量战略物资的采购在很大程度上有利于美国各行业的生产及服务。美联储自 1914 年至 1920 年朝经济领域投放了大量的资金。

在战争时期，工人获得了高工资，农民的粮食在战争阶段也卖到了比较高的价钱，就连劳动阶层的经济状况也有了很大的改善。可是当战争结束之后，因为生活及消费节俭，农民手里有了较多的现金，可是这些钱却不在华尔街那些银行家的掌控之下。原来，居住在中西部的农民都把钱存在了所在地的保守银行里，这些中小银行对于纽约国际银行家所持有的是抵触及对抗态度。他们不但不参加美联储的银行系统，同时也不支持为欧洲战争提供借款。华尔街的银行家们早就想好好收拾一下这些乡下人，加之农民这些"羊"又肥又壮，早就看得眼红的华尔街银行家们就开始动手剪羊毛了。

最开始时，华尔街银行家们所采取的行动为"欲擒故纵"，成立了一个名为"联邦农业货款委员会"的机构，特地"鼓励"农民将自己的血汗钱用来投资进行新土地的购买，该组织则给农民们提供长期借款，农民们当然特别乐意。因此许多农民都在这一组织的协调下找到国际银行家们进行长期贷款，同时还支付了高比例的首付款。

或许农民们永远也不会明白他们掉进了银行家们精心设计的陷阱之中。

1920 年 4 月到 7 月这一段时间里，工业及商业贸易领域取得了较高的信用，以帮他们渡过将要来临的信贷紧缩。可是农民的信用申请却没有一个得到批准，这便是华尔街早就设计好的一次金融定向爆破，目的就是想掠夺农民的金钱及摧毁农业地区那些不服从美联储的当地中小银行。

在这一过程里，贫穷的美国农民就好比是嗷嗷待哺的羔羊。他们以前确实特别有钱，可是那好比就是被养大的家羊，他们身上所流的油，最终都不属于自己。农民所积累的金钱，土地，最后都被资本家们用较低的价格买走了。假如谁想要赎回去，那肯定需要花费较高的价钱才可以。

然而被剪掉了羊毛的羊，又可以去哪里筹集羊毛呢？

因此农民们又变得跟以前一样的贫穷。

去剪外国的羊毛

历史通常是"进步"的。就比方说美国，在"二战"以前，其国内的大银行家及大资产阶级们只把目光放在国内弱小阶段的身上，对于外部的世界他们是不会过多地关注的。可是经历了第二次世界大战的磨炼后，美国人的眼光变得更加长远且犀利，他们除了注意美国中西部的那群"羊"以外，还将目光放到了欧洲及亚洲的"羊"身上，想把他们的羊毛剪下来。因此便有了当时国务卿马歇尔所提议的西欧援助计划，后来人们称其为"马歇尔计划"。一方面，美国特别大方地将资金借给了战后到处均处于一片破败景象的欧洲大陆。另一方面则打着人道主义的口号，声称要为西欧的建设而战争，让当时的西欧人民异常感动。

西欧人民不知道的是：这仅仅是美国人创立属于自己的金融秩序及体系所走的第一步。

然而，聪明的欧洲人又怎么会让美国人剪他们身上的羊毛呢？因此，一直在计划着的欧洲共同体（也就是以后的欧盟）成立了。它一方面凭借美国的实力帮助自己恢复元气，另一方面则结合整个欧洲的力量与美国进行对抗，抵挡美国所进行的经济侵略。

随后，由于中国实行改革开放之后，经济迅速增长，持有世界大部分黄金储备的美国人便又打起了中国的主意。热钱及资本大量的注入中

国，造成美元对人民币的持续贬值，人民币出现持续升值的情况，他们想把中国这头羊养壮。

可是不幸的是，美国的银行家们还没有等到中国羊长壮，自己便多次陷进了全球经济危机之中。

由此看来，在如今社会，想要剪羊毛，尤其是剪其他国家的羊毛，并非一件特别容易的事情。

小链接

泡沫经济，说的是资产价值超过了实体经济，特别容易丧失持续发展动力的宏观经济状态。泡沫经济一般由许多投机活动支持着，其本质便是贪婪。因为缺乏实体经济的支持，所以其资产就好像是泡沫一样容易破裂，所以经济学上叫其为"泡沫经济"。泡沫经济发展到某些程度时，通常会因为支持投机

构活动的市场预期，抑或神话破灭，而造成资产价值的快速下降，经济学家称其为泡沫破裂。比方说很多国家的房地产行业，便是所谓的泡沫经济。尤其是经济特别发达的日本，在经历了年代的泡沫经济以后，其经济便一直停滞不前。对经济更加发达的美国而言，便是一只"永远也无法长大的羔羊"。

师生互动

学生："老师，怎样才能不被其他经济强国剪羊毛呢？"

老师："首先，我们不能坐以待毙，必须主动了解世界经济的走向和发展。政府要审时度势，提出相对应的有效的解决方案。其次，我们自己国家的经济要保持健康发展，千万不能因为一时的贪婪而存在所谓的泡沫经济，要知道，日本可是因为泡沫经济的破裂，国民经济水平停滞了20年呐！还有，要坚持现有的经济制度，保持公有制的主体地位，不能让国家的经济发展方向出现偏颇和问题，就算出现了问题，相关部门也要尽快地落实解决。"

货币之王（黄金）

◎智智跟妈妈下楼买菜。在菜场碰见了张大妈。

◎听完之后，智智妈妈花容失色。

◎智智扯了扯妈妈的衣角。

◎妈妈很不情愿地走开了，智智心里得意。

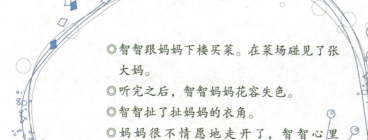

黄金的秘密

　　张三的妈妈要过 60 岁大寿了，他正在发愁应该送给自己的母亲怎样一份生日礼物。他想送给母亲一点既有价值，又能够保值升值的东西。普通的收藏品张三看不上眼，贵了的稀有的他又买不起，他急得像是热锅上的蚂蚁——团团转。

　　还是好友李四和王五给他出了主意。

　　那天，他们哥仨在一起聊天，张三提到给老母亲买生日礼物的事情。李四说："你为什么不买黄金呢，听说最近金价比较稳定，正好合适买进呀！"王五也点点头："投资黄金，不会亏本。黄金是货币之王，最为稳健与保值，我去年就买了一些金块存着呢。"

经过好朋友的一阵劝说，张三终于坐不住了，站起来就朝着金店走去，他已经决定好给老母亲买什么样的生日礼物了。

你了解黄金的秘密吗？它为何如此珍贵，到底是什么因素让世界上所有的人都喜爱它，它的魅力又是什么呢？

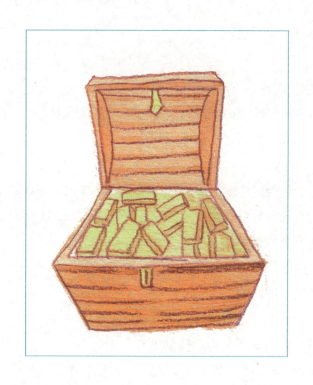

据说在古埃及时期，那时的法老便要求在自己魂归西天以后跟黄金葬在一起。古代印加人更是形象地把黄比喻成太阳神的眼泪。圣经马太福音提到东方三博士所带的礼物中便有黄金，同时圣经启示录也介绍，被基督徒视为圣城的耶路撒冷的街道便是由纯金制成的。从这一点我们便可以知道：黄金是特别珍贵的。

黄金，也就是金属，是一种质软，颜色金黄，且具有抗腐蚀特点的贵金属。相传黄金以前在人类发展史里被淹没了特别长的时间。从古罗马帝国覆灭开始，黄金的开采就大幅度下降了，因为黄金跟银子均被埋在了深深的地底下。那时的地球，并没有哪一方势力可以受得起这样的折腾。

一直到15世纪，也就是哥伦布发现美洲大陆开始，黄金的开采才慢慢兴盛起来，而黄金盛世也逐渐来临了。

黄金的魅力

黄金具有其他贵金属无法比拟的独特地位，这样说是有一定的道理的。黄金本身具有美丽的光泽，同时它还拥有其他的一些特点，这些特点便是它可以成为货币之王的原因。

价值稳定恒久

永恒属于人类的主题。大家都喜欢那些具有永恒特点的东西，黄金便是一种具有永恒特性的贵金属。它保存时间长久，不会出现腐烂变质的情况。它不会像奢侈品一样具有衰败的危险；也不像房子一样具有坍塌的风险；更不像食物一样具有腐烂的可能。它具有永恒的价值，这一点是我们必须要承认的。

不易折旧

差不多所有的奢侈品均会遇到这样一个问题：折旧。比方说名包，名表及名车等。新车买回来以后，就算你没有使用，也是不可以用原价卖出去的，如果用过，且用的时间比较长，那么其价值就会下降得更厉害，或许连其原价的一半也无法达到。然而黄金却不存在折旧这一问题，它所具有的光辉及价值具有永久性。如果金饰佩戴的时间长了，那么它可能会出现变色的形象，可是黄金本身所具有的价值是不会改变的，二手黄金的价值是不会打折的，黄金只需重新清洗一下便可以恢复

以前的光泽，也可以通过炼制后成为全新的金饰及金条。

世界通行

以前人们均使用黄金充当货币载体。黄金具有光鲜的外表，不管它到哪里，人们一眼便可以认出来，这个是无法做假的。也正是因为这样，黄金才可以得到全社会的认可，在世界范围内进行流通。身上带了黄金，便不用担心与汇率相关的问题了，更不用担心你所带的货币会出现贬值的现象。所有的黄金都一样，它们比美元还要稳定。从古至今，黄金所具有的好名声肯定也不是靠吹嘘得来的。

可以规避风险

如今世界政治局面特不稳定，战争即将出现，抑或已经出现时，什么东西才是最保值的呢？肯定是黄金。战争能够轻易地摧毁一个国家，同时，这个国家人民的房子、车子，以及在银行里面的财产等等也会受到相关的损害。对于这样的结局，人民是无能为力的。可是黄金的投资却是安全的，它具备特别强的避险功能。再说，如果是出现了经济危机，黄金的价格仍然可以保持不变，或许还会出现稳步上涨的局面，保证了资产的价值。况且，由于黄金矿藏的持续开采及需求的持续增加，黄金将变得更加稀少，这也从某种程度上使黄金的避险属性有所增加。自然，这肯定也会造成一金难求的后果。

是财富和荣誉的象征

在奥运会及其他比赛中，第一名胸前所佩戴的奖牌始终都是金牌，而他们手上所拿的奖杯同样也是金杯。尽管这些并非纯金制造而成的，有的或许只是在其表面镀了一层金而已。可是这恰好证明了黄金属于胜利及荣誉的象征，这便是它的魅力之所在。

金本位时代的终结

那么，应该如何理解金本位时代的结束呢？黄金属于一种很好的币材，可是币材却不一定是黄金。黄金不等同于货币这一理论的出现不但

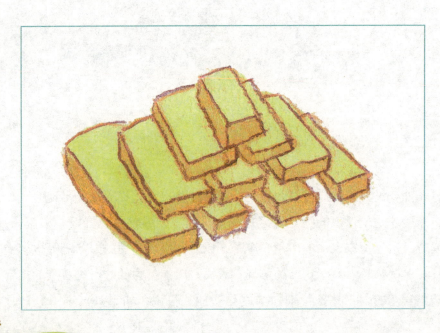

是人类社会对于货币知识了解不断深化的结果，同时也是人类社会经济发展及立法使用黄金的必然趋势。

从二十世纪二、三十年代开始，世界上的每个国家都先后建立了不能重现的纸币制度。因此，黄金便在那些国家失去了作为法定货币的地位。1978年，《牙买加协议》签订时，国际货币基金组织（简称IMF）宣布黄金不再是货币定值及特别提款权定值的标准，黄金官价被取缔了；成员国及国际货币基金会组织之间一定要履行的黄金支付这一规定也被取消了；黄金储备也不能充当支付手段来平衡进出口贸易及国际收支差额。从此，黄金失去了国际货币的法定地位。从这一点我们可以知道，就从法律层面上来说，现在的黄金已然不是货币。

如今，每个国家的中央银行仍拥有一定的黄金。然而这些黄金仅属于中央银行所具有的储备资产。储备资产还拥有其他的类型，比方说国债，再贴现票据及外汇等。在众多储备资产里，黄金储备的性质和债券（饮食外国政府债券）及再贴现票据类似，却跟货币外汇具有本质上的不同。由于货币外汇能够直接进行国际支付，可是黄金却一般应该先变现成某种国际货币，随后才可以用来进行债权债务的了结。因此，从事实层面来说，现在的黄金也已然不是货币了。

所以，如今的黄金仅为一种流动性较高的资产及工业原料。

小链接

　　"我的一生中只下过两次金矿。"黄金大王彼得·芒克说自己不懂黄金，也不喜欢金饰，但是他通过自己创建的巴里克金业公司，成功地拥有了全球27个重要金矿。他的黄金帝国在全世界首屈一指，而且黄金带给他的财富使他荣登了全球顶级富翁之榜。很多时候，我们经历过程中的机缘巧合来得莫名其妙，彼得与黄金的不解之缘，就伴随了他的一生。

他说他不懂黄金，却在黄金产业中摸爬滚打了一辈子，最终走向巅峰。

师生互动

　　学生："老师，黄金虽说不容易腐化，但是怎么样保存才能够让它一直保持光鲜亮丽呢？"

　　老师："保护黄金饰品的光泽，可以在上面薄薄地涂上一层指甲油。如果表面已有黑色银膜，可用食盐2克，小苏打7克，清水60毫升，漂白粉8克，配制成'金器清洗剂'，把金首饰放在一只碗中，倒入清洗剂，2小时后，将金首饰取出，用清水漂洗后，埋在木屑中干燥，然后用软布擦拭即可。这是最贴近生活的方法，应该十分管用！可以试一试。"

布雷顿森林体系

◎智智被按在电视前要求其观看知识节目。

◎电视中放到布雷顿森林体系的时候，智智坐不住了，朝厨房喊。

◎爸爸穿着围裙，探出一个头来。

美国的崛起

　　提起黄金，那给人类带来巨大灾难的第二次世界大战是必须要提及的一件事情。"二战"后，整个欧洲及亚洲受到了毁灭性的技击，参加战争的国家，不管是正义之师，还是法西斯国家，损失都特别大。国家经济体系毁灭，经济崩溃，抑或濒临崩溃，各个国家的黄金储备都特别少。全球的经济在第二次世界大战里受到了毁灭性的破坏。

欧洲中心论开始晃动了，美国作为新的世界霸主出现在了历史的舞台，不管是在经济上，还是政治上，抑或是在军事上，其实力都远远超过了西欧的超级国家。就算是到现在，美国仍然是世界上最强的超级大国。

除了之前所讲到的"马歇尔计划"，美国还采取了哪些手段及方式来建立新的世界经济呢？在政治方面，美国人选择帮助西欧及日本一起对抗以苏联为老大的社会主义阵营；在经济方面，他们进行了两步计划：第一步是对社会主义国家进行封锁；另一步则是重新建立世界经济体系。

谁才是布雷顿森林会议的主宰

第二次世界大战以后，重要资本主义国家在实力对比上出现了特别大的变化；欧洲尤其是英国的经济实力下降了很多；而美国的经济实力却得到了很大的提升，它变成了世界最大的债权国。以前拥有响亮名声的日不落帝国已然衰败，根本就不再具有与美国竞争的能力。

英美两国之间的竞争，也许应该结束了。

布雷顿森林会议属于联合国货币与金融会议的另一个称谓。1944年7月，这一会议在美国新罕布什尔州布雷顿森林境内的华盛顿山大旅社举办。45个国家共同签署了一项表示会在随后的28年中控制世界贸易及货币体系的综合性协定。可是其本质则是由美国所主导的，资本主义阵营处于新的世界形式下的新晋经济制度。

在此次会议上，最伟大的成就便是宣布创立国际货币基金组织及世界银行，这给以后的世界经济秩序的建立及稳定提供了有力的保障。

布雷顿森林体系

关于布雷顿森林体系，历史科教书上是这样介绍的：布雷顿森林货币体系是指战后以美元为中心的国际货币体系。《关税总协定》作为1944年布雷顿森林会议的补充，连同布雷顿森林会议通过的各项协定，统称为"布雷顿森林体系"，也就是以外汇自由化，资本自由化及贸易自由作为主要内容的多边经济制度，它们组成了资本主义集团的关键内容。布雷顿森林体系的建立对于战后资本主义世界经济的发展及恢复具有有利作用。由于美元危机及美国经济危机不断出现，同时因为这一制度本身具有某些无法摆脱的矛盾，因此这一体系在1973年便宣布结束了。

实际上，布雷顿森林体系的最终结果是在人们的意料之内的，许多优秀的经济学家都或多或少地意识到了布雷顿森林体系的失败及其必然性。没有哪一个国家可以用自己国家的货币去掌控及剥削其他国家，也不能仗着自己国家强大就去欺负弱小的国家，就算这是特别残酷的经济竞争道路。单一的货币体系根本无法撑起全球化经济的浪潮，世界具有多极化特别，而经济则具有全球化特点，我们不可以把经济框死，应该解除它的束缚，让货币自由飞翔。

小链接

20世纪70年代初，日本及西欧开始崛起，而美国的经济实力却慢慢变弱，无法承担稳定美元汇率的任务，贸易保护主义兴起，先后两次宣告美元贬值。其他国家都放弃了本国货币和美元之间的固定汇率，使用浮动汇率制。以美元作为中心的国际货币体系崩溃，美元的地位也降低了，欧洲一些国家的人们甚至拒收美元。

师生互动

老师："布雷顿森林体系的瓦解，对你有什么样的启示呢?"

学生："我觉得，就单单依靠黄金来维持世界经济和货币流通的稳定显然是不够的，还需要其他很多因素的共同作用，特别是各个国家的发展速度和模式不同，这势必在将来的某一天会打破原来体系的平衡，就像是最后布雷顿森林体系的瓦解一样，这是同一个道理，纵使这个体系本身也是存在缺陷的。"

美元碰上石油

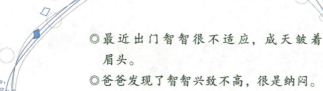

◎最近出门智智很不适应，成天皱着
　眉头。

◎爸爸发现了智智兴致不高，很是纳闷。

◎智智嘟着嘴，很委屈的样子。

◎爸爸摊了摊手，非常无奈。

科学 原来如此

中东是个好地方

　　最近张三出行不再开车，要是去稍远的地方就乘坐公共汽车，近一些的地方就以脚代劳，步行着去。朋友见状纷纷表示不解，向他询问缘由。张三对他们说的是保护环境，绿色出行。可实际上呢？还不是因为最近油又涨价了！开一趟车就要花掉好多油钱，再加上停车费，实在是不合算。所以张三才改成了步行的。

　　张三非常关注油价的走向，每天都买来相关的报纸仔细阅读。之后甚至开始阅读和油价、石油、汽油有关的书籍和资料。

　　有一次他在看一堆资料看得出神，一同去市图书馆的李四凑上前去，发现张三正在看的是有关石油危机的书籍。心中诧异：怪不得张三这么好学了，原来是在看和自己息息相关的资料啊。

　　中东是现在世界石油储存量最大，生产及输出石油最多的地方，中东石油储量最多的地方为波斯湾和其沿岸地区，生产的石油很大一部分都从波斯湾港口凭借油轮运到西欧、美国及日本等经济发达的国家及地区，对世界经济发展所起的作用是特别巨大的。正因为如此，中东产油国还建立起了石油输出国组织，为石油进行统一定价，这也属于他们反对霸权主义及强权政治的一种强有力的手段。

　　世界上的重要产油国主要有沙特阿拉伯，科威特及阿拉伯联合酋长国等，它们通过出售石油赚了许多钱，也成为了世界上特别富裕的国家及地区。鉴于石油属于非可再生资源，因此这些产油国均考虑到石油开采完以后，自己国家经济出路的相关问题。

美元和石油，谁绑架了谁

第四次中东战争是点燃第一次石油危机的导火索。那时以色列一国必须与整个阿拉伯联盟进行抗争。可是为了防止美国等西方国家在军事方面给以色列提供援助，石油输出国组织一同使用"石油武器"，将石

油标价权收了回去，把石油价格调高，因此便引发了石油危机，导致资本主义国家经济出现后退，此次石油危机属于第二次世界大战结束之后最严重的一次世界性经济危机。

1978年底，伊朗国内出现问题，局势非常严峻，造成石油价格开

始疯涨，最终导致了第二次石油危机的出现。与此同时，两伊战争又爆发了，使得全球经济处于一片灰暗之中，而这也是导致 20 世纪 70 年代末西方经济出现严重倒退的重要原因之一。

1990 年，海湾战争爆发，最终导致第三次石油危机的出现。由于石油输出国组织发挥了特别积极的作用，最终局面得到了有效地控制。

美元及石油总具有或多或少的联系，看上去二者好像毫不相干，但事实上，美元对于石油的依存度是特别高的。

如何规避石油危机

一旦出现石油危机，人们肯定是不能坐以待毙的，而应该主动出击，寻找解决方案。

比方说 1973 年中东战争期间，那个时候，因为欧佩克石油生产国对西方发达国家进行了石油禁运政策，发达国家便联合起来建立了国际能源署。成员国均开始储备石油，以应付石油危机。成员国先后建立了许多大型的储油罐，充当石油的战略储备箱。它们还可以选择扩大进油的渠道，并不一定只在某一个国家购买石油。从中东买不到石油，可以找俄罗斯；从俄罗斯买不到石油，可以找南美洲国家；从南美洲国家买不到石油，可以找北美洲国家。如果这些办法都不可行的话，还可以去开发自己国家的油田。将多渠道结合在一起，便不会因为石油危机的出现而导致本国经济的后退。再说了，开发新能源也是特别好的选择。煤电的时代已经慢慢走远了，石油的时代肯定也会过去。如今，天然气的使用及开发在能源领域已经占了一个相当大的比重。世界上也有许多国家已经开发出了许多新型能源，比如风能、水能及地热能等，这些均可以当作石油消耗完以后应对能源危机的储备方案。这一方案是相当重要的，每一个国家都应该走上这一条道路。实际上，开发及勘探本国的石油资源也是相当重要的。不要动不动相信国外某些专家所说的"贫油

论"，必须自己动手进行勘探，说不定一个拥有大量石油的油田一直在我国某一区域的地下等着我们呢。

同时，我们还应该提倡节约及环保，同时也属于"一本万利"的做法。石油危机之所以可以具有如此大的影响，主要是因为我们把石油看得太重了。如果每个人多用一点，就是一个很大的需求量，而如果每个人节约一点，就能省出很多。所以说，每个国家的每一个人民都和石油有着千丝万缕的联系。所以我们应该具有忧患意识，从细小的地方做起，养成节约的好习惯。

小链接

大体上，具备了较好经济实力的国家都实施了自己的石油储备计划，而这些储备分成两种类型，一种为国家进行的；另一种则为民间进行了。可是计算一个国家石油储备量是用天为单位来进行计算的。通常情况下，最后某一国家的石油储备量都应该算上民间储油。政府储备结合民间储备，美国、日本、德国及法国的石油储备量相对于本国的石油消耗量分别为 158 天，169 天，117 天及 96 天。中国正进行石油储备立法相关的事宜，争取过几年，国内石油储备可以达到 180 天的安全消费量。然而对于中国来说，想要完成这一任务，困难也是比较大的。其他的先不说，单说中国的人口基数便是一个非常大的压力。

师生互动

学生："老师，难道石油危机带来的就只有负面的影响吗?"

老师："这个问题问得很好。石油危机的确对世界经济造成了很大的负面影响。但同时又是石油危机本身将人类往远离它的方向推搡。石油危机让各国都思考:'我们的出路在哪里?'这样的问题，从而促使了某些国家资源消费结构的转变和完善，新能源层出不穷。也带动了技术的发展和人类眼光的变化，其中，经济结构的转变是尤为可喜的，这代表了一个国家长远意识的觉醒。"

孤独的英镑，新生的欧元

◎最近新闻中总是播放中国和欧盟的贸易往来。

◎智智托着脑袋，感觉十分沉闷。

◎爸爸笑笑，对智智耐心地解释。

◎智智若有所思，然后语出惊人。

新生的欧元

　　在为老母亲买了黄金作为礼物，在研究了基金和股市的行情，在参阅了有关石油危机的资料之后，张三对经济和货币产生了极大的兴趣，工作之余就闷头在家翻阅有关经济的书籍。最近他迷上了有关欧元和英镑的书，爱不释手。可是让他疑惑的是，欧元作为欧盟的货币，英国理应加入，可是为什么在欧元区内看不到英国的影子呢？张三百思不得其解。只得一遍又一遍地在网上查资料，去图书馆翻阅书籍，希望能够尽快找到中意的答案。

他发现，欧元是由欧盟 17 个国家统一发行的货币。这 17 个国家分别是爱尔兰，奥地利，比利时，德国，法国，荷兰，荷兰，卢森堡，葡萄牙，西班牙，希腊，意大利，斯洛文尼亚，塞浦路斯，马耳他，斯洛

伐克及爱沙尼亚。欧元由欧洲中央银行及各欧元区国家的中央银行所构成的欧洲中央银行系统进行管理。欧元称得上是自欧洲罗马帝国时代开始，规模最大且影响最深远的集体货币改革，其影响是特别重要的。它既代表着欧盟一体化程度的加深及欧盟成员国间的依赖，同时也意味着欧洲单一市场的完善及成熟。

欧元于 1999 年 1 月在其成员国范畴内开始正式发行，它属于一种拥有独立性及法定货币地位的跨越国家性质的货币。欧盟按照《马斯

特里赫特条约》规定：欧元在 2002 年 1 月 1 日开始正式流通。

欧洲货币局公布的欧元草样一共有 7 张，它们分别是灰色 5 欧元，红色 10 欧元，蓝色 20 欧元，橘黄 50 欧元，绿色 100 欧元，黄色 200 欧元及紫红 500 欧元。大额的票面具有三个基本建筑要素，它们是窗户，大门及桥梁，分别意味着欧盟国家之间的开放，合作及沟通精神。

可是欧元的币值从大到小依次是现代派建筑风格，铁式及玻璃式，巴洛克式及洛可可式，文艺复兴式，哥特式，浪漫派，古典派，包括了整个欧洲的艺术气息，这也使欧元看上去更加的神秘。

孤独的英镑

英镑是一种具有较高地位的货币，它有着自己的骄傲。其骄傲便是不加入欧元区，独立在欧元区以外。可是针对英镑为何不加入欧元这一问题，不同的人持有不同的看法，本书提一些比较靠谱的观念：

第一点，英国国情跟欧元区 17 国的国情具有不同的地方。英国具有低失业率及低通货膨胀率，可是欧元区的其他国家在这两方面都要比英国高，如果英国不考虑这些因素将会给自己国家带来不利影响，贸然加入欧元区，或许会给本国的经济带来较大的冲击。

第二点，英国所奉行的货币政策属于保守型政策，可是它却没有盲目的遵守以前的规定。作为以前的日不落帝国，英国人拥有他们的骄傲，不能让英镑消失，这是所有英国人都信奉的观点。上至政府官员，下至平民百姓，他们均想继承及保留这份由来已久的骄傲。

第三点，也是特别重要的一点，由于各种历史原因，英国的中央银行是一种具有私人性质的银行。因此银行的所有者为了保护自己的权益，必然会向政府部门施压，不让英国加入欧元区。因为如果英国加入了欧元区，就代表他们不但要受到国内制度的约束，同时还必须受到欧元区经济规则的影响。

第四点，早在 1990 年，英国便加入了欧洲汇率体系，这也导致英镑必须看德国的脸色行事；1992 年，欧盟 12 成员国又签署了《马斯特里赫特条约》。在这一条约，某些欧洲货币，比方说英镑、意大利里拉

等明显被高估了，可是因为各国经济实力不同的原因，根本无法保持一致。英国经济长时间处于低迷的状态，无法维持高利率政策，可是德国却没有将其利率下调，英国如果单方面下调利率，将会削弱英镑，最后英国只好继续保持高利率。后来因为经济的衰退，英国不得已而退出了欧洲汇率体系，这也属于最后英国未加入欧元区的一个比较重要的因素。

欧债危机

欧债危机，其全称为欧洲主权债务危机，主要指从 2009 年以来，在欧洲某些国家出现的主权债务危机。欧债危机属于美国次贷危机的延

续及深化，其根本原因是由于政府债务负担过重，超出了自身可以承受的范围，从而导致的违约风险。这次危机最早出现的债务问题发生在2008年10月，当时正处于华尔街金融风暴初期，此问题的发生国为冰

岛，随后中东又出现了欧债危机。由于这些国家经济规模都比较小，国际救助相当及时，因此其主权债务问题并没有造成全球性金融动荡。希腊主权债务问题于2009年12月开始出现，2010年3月进一步恶化，并开始延伸到葡萄牙，意大利，爱尔兰，希腊及西班牙这五个位于欧洲的国家。

　　这一次危机给欧元带来了沉痛的打击，也让人们考虑欧元存在的意义及必要性，有些国家甚至由于种种因素而退出了欧元区。

小链接

"二战"后欧洲一举失去了世界中心的地位，这个地位向"战争的渔翁"美国转移。而美国在"马歇尔计划"和"布雷顿森林体系"想要压制欧洲，欧洲洞悉了美国的企图，提出了"欧洲复兴计划"，开始走向融合复兴之路。

师生互动

学生："老师，具体来讲，外界对欧元的评价是好还是坏呢，有没有中性的观点？"

老师："褒贬都有，无外乎是自己处在什么角度和立场上看罢了。从联合统一的角度来看，欧元的发行自然是好的。而消极的那一方观点就认为每个国家的实际情况都是不一样的，发行欧元就等于将所有欧元区国家的经济捆绑在了一起，这样是非常危险的，所有国家都成了一根绳上的蚂蚱，出现危机了谁也逃不了，都要受到波及，因此他们是极力反对欧元的。至于所谓中性的观点，我想就是指中国学者对欧元的看法吧，一般还是比较客观和可靠的。毕竟当局者迷，旁观者清啊！不管是欧元还是人民币，我们都要一分为二地看待问题。切记不可随意，不可盲目随大流，要有自己的想法和观点。"

古人眼中的货币

◎智智妈妈迷上了古装剧，天天和智智抢
着电视看。

◎智智爸爸看不下去，便斥责妻子。

◎智智妈妈白了丈夫一眼。

◎智智爸爸满脑门子黑线。

一寸光阴一寸金

如今的社会，越来越急躁，在这灯红酒绿的社会里，在社会压力如此巨大的世界中，人们想要静下心来考虑某些事情的本质是相当困难的。就拿金钱来说，大家差不多只能看到它的表面，觉得金钱可以为拥有者带来一切。从根本上说，这一理论是错误的。金钱并非万能的，那种觉得没有钱便什么事情也办不了的观念是错误的。这种错误的思想成

就了拜金主义等不正之风，甚至这一风气还开始在青少年中盛行。

古语有云：钱乃身外之物。

现在的我们又能够记得多少呢？

对于金银，古人开始抱着玩味的态度，就好像是吃饭挑出了鸡肋的

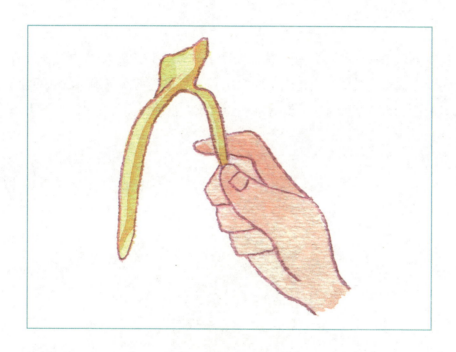

感觉一般。首先，金银具有直观的外形美，并且它们特别稀少，容易引
起人神秘的联想，生出对它们的某种崇拜之情，丢了又觉得可惜；其
次，没有通过雕琢的原始金银又具有什么实际意义呢？找不出，那就对
了，金银即不可当饭吃，又不可当衣穿，因此便有了食之无味的感觉，
两者融入在一起，也便是一种"鸡肋"。

王嘉曾在其《拾遗记》卷五里写道："日南之南，有淫泉之浦……
时有凫雁，色如金，群飞戏于沙濑，罗者得之，乃真金凫也。当秦破骊
山之坟，行野者见金凫向南而飞，至淫泉。后宝鼎元年，张善为日南太
守，郡民有得金凫以献。"而唐苏鹗在其《杜阳杂编》里也写了一个金

化成蝶的故事。

古人把金钱和时间相结合，并非如现代的人那般醉生梦死，虚度光阴。

实干兴邦

刘敬叔在他的《异苑》卷二里写了"胡人识宝"的故事：据说有一个不懂得宝贝的妇人得到了一只金鸟，可是金鸟却飞到了洗衣石里，她只是觉得特别稀奇，并没有意识到大笔财富的得而得失。这个妇人不

知道，告诫我们：靠自己劳动获得的东西，才属于真金白银，花的时候才会觉得心安理得。那个懂得宝贝的妇人，最后获得了藏有金鸟的洗衣

石，一夜暴富，胡人的事迹则告诉我们：知识可以改变命运，知识便是财富。

这类包含发家致富梦想的神话故事，在明清时期是最多的。比方说还有个"逐兔见宝"的神故事，说是一个贫穷的卖柴人送了一碗饭给和尚吃，和尚便变成一只兔子，卖柴人用杖拨了一下，兔子先变成了死人，而后又变成了金人，可是国王的使者来时，金人却变成了腐烂死人的头及手，当他再回到卖柴人手里时，又变成了真金，国王只能作罢。

只有实干，才可兴邦。小朋友们，不能老想着一辈子靠父母，自己不去打拼，不去创造，最终只能坐吃山空。随着时间的流逝，最终你将一无所获。

金窝银窝不如自己的狗窝

就像《法苑珠林》卷五八引中《白泽图》所介绍的："又金之精名曰仓，状如豚，居人家，使人不宜妻，以其名呼之则去。"而，梁萧绎又在他所写的《金楼子》卷五里作了进一步的说明："玉之精为白虎，金之精为车渠……"

"豚"也就是小猪，与老鼠大小相似，这里指的是老鼠；"车渠"也就是车辙，车轮走过的压痕，带出前车之鉴，也就是汲取前人经验的意识的；此处所说的"不宜妻"并非说不适合娶老婆，而是说家庭无法安定。在古时候，妻便代表家，娶妻就意味着成家，失妻也就意味着家败。

这个故事告诉大家一个道理：金银放在家中，并不好，就好比老鼠一般，腐蚀我们的居住空间，打扰我们安静的生活。主人如果将金银看成珍宝，就好比把老鼠看成是宠物，一定会淡化或转移对亲人的亲情，因此也就失去了幸福的感觉。

对金钱货币的盲目喜爱，会在某种程度上导致人类情感的缺失。看

上去特别风光的生活，事实上却没有了亲情的陪伴。不要老是想着我有钱了便可以给家人想要的生活。你的家人想要的是你人，而非你的钱。

范蠡是古时越国的大臣，他特别聪明，辅助越王战胜了吴王，成就了伟业。可是庆功会上范蠡却没有来，原来他早就改掉姓氏，偷偷地跑到齐国去了。临走时，他给另一位功臣文种留了一封信，上书："高鸟已散，良弓将藏；狡兔已尽，良犬就烹。夫越王为人，长颈鸟喙，鹰视狼步，可与共患难而不可与其处乐，子若不去，将害于子。"文种并未相信范蠡的话，最后变成了刀下亡魂。范蠡去齐国以后开始做起了农业及商业的买卖，最后变得特别富有。他将金钱看得很轻，把钱财都发给了那些穷朋友及疏远的亲戚。范蠡即可发家致富，又肯散财，在大家眼中，他便是难得的活财神。

师生互动

学生："想不到古人这样的宁静致远，我今后也要向他们学习！"

老师："保持一颗向上的心，勤俭节约，把钱财看成是身外之物，你一定会有收获的。"

林肯和"绿币"

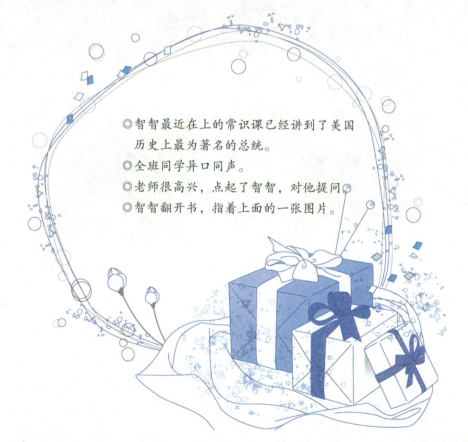

◎智智最近在上的常识课巳经讲到了美国
历史上最为著名的总统。

◎全班同学异口同声。

◎老师很高兴，点起了智智，对他提问。

◎智智翻开书，指着上面的一张图片。

科学 原来如此

林肯的功勋

　　假如要选出美国历史上最高尚的一名总统，你觉得谁会当选呢？也许不同的人来回答问题会给出不同的答案，但是华盛顿与林肯应该会是这个问题的最佳答案。身为开国元勋，华盛顿肯定应该名垂千古，他一手创立了美利坚合众国。可是林肯呢？这个身高193cm的总统，帮助美国废除了奴隶制度，也弥补了华盛顿的遗憾。在林肯的努力下，他获得了美国南北战争的胜利。

　　然而，在战争时期，资源比较短缺，为此，林肯专门发行了绿色纸币，它在之后的岁月里被大家称为"林肯绿币"。直到今天，美国人为了纪念这个因遭刺杀而身亡的高尚总统，便在面值为5美元的纸钞的正面印上了他的头像。

　　这属于无上的荣耀。

　　1831年6月的某一天，在新奥尔良的奴隶拍卖市场上，一群群四肢被束缚住的黑人奴隶站在那里，他们均由一根根特别粗的绳子连在一起。奴隶主走到他们跟前，就好像是买骡子买头马一般仔细察看他们，有时还会走上去拍拍他们的手臂，摸摸他们的大腿，看他们是否长得壮实，肌肉是否有力，以后干活是否有力气。奴隶主们挥舞着皮鞭抽着黑人，同时还拿烧红的铁饼去烙他们，这个时候，几个来自北方的水手从旁边走过，他们均被眼前这种悲惨的场面给吓坏了，其中一位年轻人气愤地说："太可恶了！哪一天我有能力了，肯定要将这种奴隶制度彻底地废除。"

说话的这位年轻人便是亚伯拉罕·林肯，日后他真的成了美国总统，更实现了之前所许下的承诺，他一直都将废除奴隶制看成是自己必须要履行的责任。

然而，这个过程却并不是那么一帆风顺的。要知道，废除奴隶制非一件特别好办的事情。在林肯以前，许多人都曾尝试过，可是就算是杰斐逊及约翰·布朗这样聪明的前辈都失败了。那时候南方奴隶主掌握着巨大的势力，同时他们还使用各种理由替奴隶主制辩护。面对这样的辩护，林肯一语中的地指出：虽然许多书里都说奴隶制属于特别美好的事物，可是我却从未听说哪个人讲起他想做奴隶，并从中得到好处的。

林肯绿币

刚刚当选总统时，为了避免国家出现分裂及战乱的情况，林肯曾想用和平的方式将奴隶制废除。可是随着战争的不断扩大，林肯最终意识到，要想从根本上废除奴隶制，就注定要有流血牺牲，想用和平的方式废除这一制度根本就是不可能的。林肯在内战的紧要关头，考虑到广大人民群众的要求，用革命的方式方法废除奴隶制，同时还解决了人们对于土地的要求，从而推动了美国经济的发展，为维护国家统一及解放黑人奴隶做出了特别大的贡献。林肯绿币，实际上是在南北战争期间，林肯为了筹集战争资金而颁发的一种债券，用纸币的形式进行流通，人民群众均争相购买。它是由那时候的殖民地联合会中的联合政权经过"大陆仁义"而发行的。由于其背面为绿色，而其发起人为林肯，所以大家便顺理成章地称它为"林肯绿币"。

那个时候，南方先挑起了战争，林肯希望解放黑人奴隶，更想捍卫黑人的权利，便率领北方的有志青年发起反抗。刚开始时，南方军队掌握着绝对优势，可是林肯政府却出现了想用谈判来解决问题的想法，有了一点害怕的味道。可是一直到后来，南方反叛军靠近华盛顿，南北战争最大危机出现时，林肯果断决定，跟南方军队决一死战，并宣布了法

令。如果哪个人可以捐出 10 美元作为战争经费，那么他将在中西部广大的地区取得相对应的土地，耕种 5 年以上，这些土地的所有权便归这个人所有。另一个举措便是大规模发行林肯绿币这一债券，将来国家将把这些钱返还给购买债券的人民。这两个举动使北方危机得以缓解，北方军的士气也开始高涨，最后他们一路前进，战胜了南方反叛军，保护了国家统一，同时林肯也宣布，美国奴隶制度从那一刻开始便被废除了。

世界上有很多由于货币而引发的战争，可是南北战争里，可以说林肯绿币的贡献是特别大的，有些人甚至还这样说："南北战争就是一场由于货币而结束的战争。"

印在纸币上的头像

在美国历史中，除了华盛顿和其他极少数功绩比较突出的总统以外，没有多少人待遇可以比林肯好。他属于一代天骄，属于那一黑暗时代里的能干的人。甚至可以这样说：他与开国元勋华盛顿相比更前进了一步——以战争为行为废除了黑人奴隶制度，让美国宪法里所规定的"人人生而平等"这一条例得以实现。

然而，这个伟大的总统却在取得南北战争胜利以后，在剧院里受到了激进分子的刺杀而与世长辞。

对于这个高大而慈祥的总统，美国人总是特别爱戴，他们特别尊敬这种伟大的人格魅力，甚至于林肯去世后出生的一代人，父母都为其命名"林肯"。这属于一个时代的象征。

人民对于林肯最大的肯定，便是把他的图像印在5美元纸钞上。

 小链接

美元上印有哪些总统的头像？他们分别是：

1 美元 第1、2届美国总统——乔治·华盛顿

2 美元 第3届美国总统杰斐逊

5 美元 第16届总统亚伯拉罕·林肯

10 美元 亚历山大·汉密尔顿

20 美元 第7届美国总统安德鲁·杰克逊

50 美元 第18届总统尤里西斯·格兰特·葛仑

100 美元 头像不是总统，而是著名科学家、金融家、政治家本杰明·富兰克林

 师生互动

学生："老师，货币真的太有用处了，甚至能够决定一场战争的走向。那么历史上有没有因为货币而倒塌的政权呢？"

老师："要说到因为货币而倒塌的政权，就要说到我们自己头上。最典型的就是国民党政府。以后你们学习那段历史就

会知道了，这里我提前给你们说一说。其实当时的背景也是内战，国民党掌控有许多大城市，还有大量的军队和先进的武器装备。按理说不管打什么样的战争，他们都是稳操胜券的。那又是什么原因导致国民政府最后垮台呢？抛却共产党这一方面不说，最为主要的还是国民党在统治区内实行的通货膨胀性经济政策。他们大举发行债券，随意制定货币的面额，导致后来出现50万元面额的纸币，甚至上亿！当时社会上有这样的笑话：'到了月底领工资了，人们是背着麻袋去公司的，不然装不下那所谓的巨款'！再到后来，国民经济已经吃不消了，经济上面的崩溃，直接导致政治的翻盘。他们输得很彻底。"

犹太人的货币战争

◎智智和美美在秋千上闲聊。美美寻找
　话题。

◎智智停下了秋千，摆出了雕塑大卫的标
　志性动作。

◎美美很是不解。

◎智智语重心长地告诉她答案。

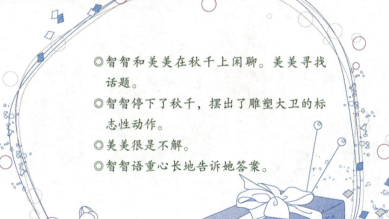

最会做生意的犹太人

如果要问这个世界上哪一个国家的人脑子最灵活，肯定无法得出一个统一的答案，每个人都有自己的看法。可是如果要问在这个世界上，哪个国家的人最有生意头脑，那么答案肯定是犹太人。犹太人属于一个苦难的民族，这个民族在第二次世界大战中受到了特别大的伤害，许多犹太人都遭到了杀害，这也是人类历史上最大规模的一次屠杀，这场屠杀的发起者便是法西斯纳粹德国。可是犹太人却具有不屈不挠的精神，他们靠着顽强的意志，再加上他们独特的生意头脑，尽管他们在人口数量上比其他许多国家都少，可是在财富上他们却比许多国家都要富有。

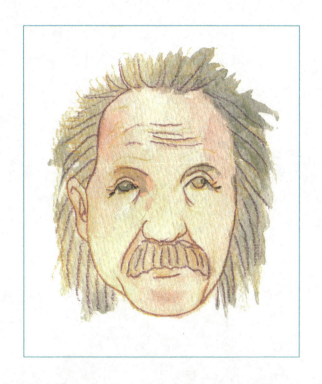

第二次世界大战以后，许多犹太人均在努力，他们跟阿拉伯人进行斗争，为的就是要取得生存的地方。经过多年的努力，他们最终取得了联合国的承认，并于1948年，建立了一个全新的国家——以色列。

以色列是一个商人的国家，不要对以色列人所具有的生意头脑产生怀疑。

因为爱因斯坦便是一位犹太人。

饱受苦难的犹太人

犹太人，也可以叫做"尤太人"，是一个在世界各国均有分布的种族，希伯来语，指的是犹太教民，从笼统意义上说是全部的犹太族人，属于族群体，不但包含了从古至今流传下来的以色列民族，更包含了之

后在各种时期及世界皈依犹太的人。按照有关犹太组织的数据显示：2007 年，世界上犹太人的总数大概为 1350 万人，这当中就包括了 540 万居住在以色列的犹太人，同时还有 530 万犹太人住在美国，其余的人则分散在世界各国。犹太人人口总数只占全世界人口的 0.2%，以上的数据中还囊括了自己觉得自己是犹太人，却未归属于任何一个犹太社团组织的人。实际上，全世界犹太人的总人口数并没有一个特别准确的界

定，这主要是由于犹太人的定义具有多种标准及界定方式，造成统计的准确性受到了一定的影响。

以上是一份与犹太人有关的简要资料。圣经里说犹太人的祖先便是犹大，他是一个出卖了耶稣的叛徒。所以特别可悲的是，世界上很多地方都不能给犹太人提供容身之所，也不具有真正意义上的犹太国，他们一直都属于寄人篱下的类型。

实际上，历史上犹太人尽管分布于世界各地，可是各国暴君针对犹太人所进行的大屠杀却是特别多的，犹太人所受的痛苦也是我们无法体会的。

可是，上帝总归是公平的，他在为犹太人关上一扇门的同时，也为他们打开了一扇窗。尽管在基督徒里，犹太人的身份是无法受到欢迎的，可是犹太人在做生意方面的头脑却足以使全世界震惊。尤其是早年搬到美国的犹太人，他们在美国各个行业里都混得特别好，积累了许多财富，更把握了特别重要的话语权。比方说美国著名的铁路大王库恩·洛布，华尔街老大贺喜哈，美国大亨巴鲁克及美国银行家莱曼兄弟等，这些异常富有的人物让美国开始偏向以色列，这当然也是以色列可以打破众多阻碍创立新国家的重要因素。

犹太人的生意经

对于犹太人而言，生活在这个社会上，赚钱便是头等大事。可是，犹太人却并不是唯利是图，抑或只认钱的生意人，许多犹太人均是通过合法途径赚取钱财的，他们深知"君子爱财取之有道"的道理。犹太商人经验特别丰富，眼光也异常敏锐，他们懂得如何把握时机，当机会出现时，他们便会抓住它，并把它的价值放到最大。我们拿在军队里服役的犹太人打个比方，这些犹太军人继承了商人的血统，尽管在部队里，他们也会想尽办法赚钱，这样在服役之后，他便有足够的资本开始做自己想做的生意。

在犹太人的观念中，做生意赚女人的钱比赚男人的钱要快得多，同时也拥有更多的机会。犹太人多年来所积累的经商经验便是：假如你想赚钱，就应该先赚女人手里所持有的钱。与之相反，假如生意人想赚男人的钱，并使劲盯住男人，这笔生意肯定是要失败的。这主要是由于男人的工作便是赚钱，能赚钱并不代表持有钱，花钱的权力仍然掌控在女

人手里。在花钱这件事情上，男人必须听女人的。都说"民以食为天"，因此"吃"便是天下最好做的生意。犹太人觉得嘴巴具有两种功能：第一个是说话，第二个则是吃东西。经过几千年来反复实验，犹太人又总结出一条定律："嘴巴"也是最容易赚钱的一种商品。每一个擅长赚钱的人，都应该要掌握如此一条赢钱术——知道用嘴巴赚钱！那些越流行的东西，也越容易赚到钱，这属于犹太人始终相信的赢钱术，所以他们经常会这样做：较好利用人们"向上看"这一心理掌控流行趋势。

小链接

犹太人特别重视教育意识，当他们的孩子只有一岁半时，家长便会对他们施行记忆训练，锻炼自己孩子的头脑。中国的教育观念则为固态，孩子学习仅仅是为了应付各种各样的考试及升学，根本就没有一个长远的规划。可是犹太人却不一样，他们自小便教孩子理财，让他们知道怎样和钱及货币打交道，希望以后孩子可以更加理性地明白货币的本质。

师生互动

学生："看来犹太人的生意头脑不仅仅是天生的，还有后天勤加打磨的结果啊！我们真应该向犹太人学习。"

老师："的确，犹太人是值得敬佩的，他们多次从种族灭绝的深渊中爬上来，每一次的屠杀过后都会变得欣欣向荣。可以说，任何磨难都打不垮他们！我们国家和以色列的关系很好，青少年之间的交流也越来越频繁，总有一天你们也能见到这个神秘的经商之国的！"

美国经济和美联储的秘密

◎新闻中最近总是在播报美国的经济危机带来的低迷生活。

◎智智就这个问题询问了爸爸。

◎智智爸爸想了一想。

◎爸爸刚要说出答案，结果被智智的一句话弄得无语凝咽。

美国的经济

如果要问世界上哪个国家经济最发达，相信大家都不会有任何的疑问，将会给出一个相同的答案：美国。2012 年，美国的国民生产总值就达到了 15 万亿美元，相当于中国的两倍。然而中国却属于第二大经济体，仅次于美国。美国经济总量特别大，比其他任何一个国家都要大很多。世界上或许只有欧盟才可以跟美国抗衡，可是大家需要记住的是：欧盟具有 27 个成员国，这 27 个国家经济总量之和才可以与美国相提并论。这并不表示欧盟的强大，却是代表着美国经济的可怕。

如果要问美国的经济是如何发展起来的，这里就需要提起两段并不光彩的往事。大家都知道：第一次世界大战时，最初美国是没有参战的，就在一旁看着，然后把武器卖给正在打仗的欧洲国家，并为他们提供贷款。一直到德国出现了颓势，美国才加入战争，取得了特别惊人的利益。一战以后，美国步入了经济高速发展的时期，人们称其为"柯立芝繁荣"。然而第二次世界大战时，美国又玩起了之前的伎俩，又当了一回渔翁，这一次，它收获了更多的东西，不但在经济上重新建立了世界经济政治秩序，变成了超级大国，同时其经济优势也保留了下来。

一直到 90 年代，克林顿上台以后，这位优秀的总统又使美国经济实现了再一次的腾飞。至少从现在看来，短期内没有国家能够超越美国。

那么，如此一个经济大国，其经济命脉又在什么地方呢？

美联储的体系结构

美联储主要由三个部分构成，它们分别是委员会、银行分行及市场委员会。其中委员会便属于美联储的决策机构，决定那些比较重要的经济决策，就在这个地方，或许就可以产生决定美国经济发展及走向的决定。

银行分行，美联储把整个美国大陆分为 12 个储备区，每一个储备区里均设置了一个银行分行。这些分行事实上属于私人性质的。它们均实施着美联储的相关决策，在其所在的地区都发挥着特别重要的作用。

市场委员会属于美联储里另外一个特别重要的组织，里面一共有 12 名成员，其中 7 个名额均给了美联储委员会里的人，另外五人则由那 12 家银行分行里的行长里选出来。市场委员会则相当于实际指导，就好像是领导小组到"基层"去进行工作的检查一般。

美联储的影响

美联储对美国的影响实际上与中国人民银行对于中国经济的影响是差不多的，只不过如果要说负面影响，那么美国经济就要受到许多方面的制约，毕竟两个国家的经济及政治制度不是相同的。

通常情况下，美联储能够将国内某些智慧公司聚集到一起，对美国以后的经济作出预判，看它是否会增速，其预判甚至能够精确到几个百分点，不得不让人赞叹。在美联储进行预测以后，美国市场便会受到影响，比方说股票、储蓄等投资市场便会出现相应的变化。不过这些变化是好是坏，那便要看最终的结果了。

除了以上所介绍的这些以外，美联储还属于美国消费者在精神方面的寄托，美联储会对银行的加息降息、提高或者降低存贷款利率等起到

一定的影响。因此在美国，根本不用去拜财神爷，拜一拜美联储便可以了，或许你的财产便会"增值"了。

小链接

欧洲中央银行，是根据1992年《马斯特里赫特约》（简称"马约"）的规定于1998年7月1日正式成立的，是为了适应欧元发行流通而设立的金融机构，同时也是欧洲经济一体化的产物。代表着欧盟的融合更进一步。简称欧洲央行。

欧洲中央银行的前身是设在法兰克福的欧洲货币局。欧洲央行的职能是维护货币的稳定，管理主导利率、货币的储备和发行以及制定欧洲货币政策；其职责和结构以德国联邦银行为模式，独立于欧盟机构和各国政府之外。要真的说来，欧洲央行的权利与美联储相比甚至有过之而无不及。

师生互动

学生："老师，美国是资本主义国家，那么美联储里面的领导人是不是都是那些所谓的大资产阶级呢？由他们掌控着美国经济，难道不会出问题吗？"

老师："美联储存在了这么久，自然有它存在的优越性和合理性。弊端肯定是有的，但是这个弊端是整个美国的资本主义制度。在美国经济衰退或者是遇见危机的时候，美联储能够发挥积极的作用。可是相对应的，在美国经济好转的时候，美联储委员会中的荒唐决策或许也一样能够毁灭美国经济。这些都是相辅相成的，我们要客观地看待美联储的存在。说白了它就是美国的中央银行，影响着美国经济。没有谁说美联储一定不合理，因为它毕竟伴随了美国经济将近百年的时间。"

信用卡里的玄机

◎ 家里面堆满了商品、衣服和鞋子，妈妈
在快乐地整理。

◎ 智智爸爸看到了，不禁大发雷霆。

◎ 智智妈妈俏皮地撒娇。智智爸爸的脸色
略有缓和。

◎ 但是好脸色持续时间不长，便转为了
惊愕。

薄薄的小纸片有大用处

　　张三最近遇到了麻烦。他交了一个年轻的女朋友，这个漂亮的姑娘喜欢天天上街购物，拿着张三的信用卡胡吃海喝，动不动就掏出卡来刷上一回。起初张三不以为意，认为购物逛街是女孩子的天性，信用卡也有一定的透支额度，一般来说不会出什么大问题。可是几个月后，张三收到了银行寄过来的资料，顿时傻眼了。他的好几张信用卡都被刷透支了，债务堆得老高。雪上加霜的是，他的小女朋友不知所踪。

张三一下子没反应过来，昏倒了，被李四和王五一起送进了医院。

张三醒来以后，看到了银行账单上的"天文数字"，再一次昏迷了过去。

几张小小的信用卡，让女孩开心，让男孩昏倒，其中到底有什么样的玄机？

信用卡属于一种非现金交易形式，属于一种特别简单的信贷，与个人信誉是有关联的。信用卡特别精巧，且具有时尚安全的特点。它是由各大银行及信用卡公司分发给资信状况较好的消费者的一种信用凭证。

简单地说，如果你去购物时，购买的东西的价值比你身上所带的现金要多，可是这时你又无法快速去银行提取现金，这时你便可以使用信用卡了，它意味着你暂时找银行借钱，却不必办理任何复杂的手续。由于你之前的信用较好，因此银行已经将你看作是可以信任的朋友，信用卡便是银行承诺借钱给你的一种凭证。信用卡将会告诉你，你能够找银

行借多少钱，什么时候应该归还。此外你还可以在你信用卡里没钱时，直接从取款机里提取现金，信用卡是可以透支现金的。

相对于储蓄卡而言，信用卡最方便的使用方法便是在你卡里没有钱的情况下，能够使用信用卡进行普通消费。在许多情况下，你只需要按期归还所消费的金额便可以了。同时信用卡还特别安全，其他人特别难获取你的密码，完全可以安心地享受消费。除了这些以外，每个银行对于信用卡业务均有相关的规定，比方说信用卡使用次数达到某一限额，便可以拿到相应的分数，多少分又可以换取相应的礼品。同时还有一项规定，假如你持卡在某一指定商户进行消费，那么你便可以享受商家带给你的特别打折服务，这属于现金消费无法享受的待遇。

每一个月你的信用卡的所属银行均会把你上个月的消费情况邮寄到家里，你可以及时对自己的消费情况进行了解，如果多花了钱便可以及时做出调整，便不会再出现透支现象。

最重要的是你还可以持信用卡在国外进行消费，花掉的钱在回来之后从你的卡中扣除相应的人民币便可以了，根本无需去银行办理复杂的兑换外币的手续。

信用卡的起源

1915 年，信用卡在美国出现了。最早发行这一凭证的机构并非银行，而是某些百货大楼商店，餐饮业，娱乐业及汽油公司。这一点，是不是让你们觉得很奇怪呢？在美国的某些商店里，老板为了更好地盈利，便给一些老客户分发了与金属徽章差不多的信用筹码，之后才转变成用塑料制成的卡片，这便是顾客购物消费的一种凭证。因此便出现了使用信用筹码在某些商业领域里进行赊销服务的业务。客户可以在那些发行了筹码的商店和分号里赊账购买商品，约定还款日期。这便是信用卡的雏形。

相传某一天，美国商人弗兰克·麦克纳马拉在纽约的某家饭店里请客人吃饭，等到大家都吃好，准备买单时，他却突然意识到自己的钱包放在家里了，对此他感到特别不好意思，便让妻子把钱包送来付了款。

那时候，他觉得特别不好意思，因此麦克纳马拉萌生了想成立了家信用卡公司的想法。1950 年，他与好友施奈德一同投资了一万美元，在纽约成立了"大来俱乐部"，这便是之后的大来信用卡公司。大来俱乐部给会员提供一种可以证明其身份及支付能力的卡片，会员用这张卡片可以进行记账消费。这张卡片尽管没有经过银行的授权，可是它仍然是商业信用卡一种。

由于一顿饭的原因，信用卡这一伟大的创造便诞生了。

关于信用卡的使用误区

使用信用卡确实可以给我们的生活带来许多好处，可是在使用信用卡时，也不能随心所欲，抑或贪得无厌。以下的几个误区，是大家必须要记住的：

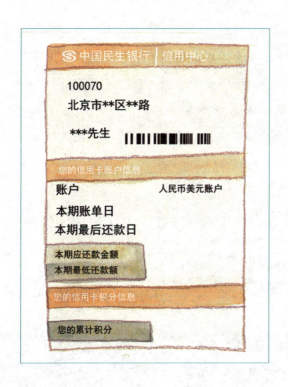

（1）高端收入人群属于信用卡的目标客户，从特点上看能够了解信用卡更多的是给人们提供便利，而非省钱。使用信用卡不但要交年费，如果超过了还款期限，还会受到银行的罚款。

（2）使用信用卡，就必须要还钱，这中间的利息是特别可怕的。就好比是高利贷一般，利滚利，慢慢增加，与滚雪球的道理是一样的。因此千万不要想拖着银行的钱不还，银行有很多手段来对付负债者。

（3）银行会将你每一笔消费的情况及应该还款的数额记录下来，因此不要认为银行是傻子，想蒙骗过去，应该还多少钱，一分钱也不可以少。

小链接

　　信用额度是指银行在批准你的信用卡的时候给予你信用卡的一个最高透支的限额，你只能在这个额度内刷卡消费，超过了这个额度就无法正常刷卡消费。信用额度是依据您申请信用卡时所填写的资料和提供的相关证明文件综合评定核定的，主卡、附属卡共享同一额度。主要还是看办卡者本人的信用情况。一般情况下，双币信用卡的额度中人民币额度和美元额度是可以互相换算的，例如：你的额度是60,000人民币，当你在境外用卡时，您的信用额度就大约等值于10,000美元。

师生互动

　　学生："老师，信用卡到底安不安全呢？"

　　老师："信用卡一般说来是十分安全的，大多数人都会选择信用卡，减少现实中的货币流通，就要安全得多，所以不要过于担心。还有，如果以后要办理信用卡业务，务必将自己的个人资料保护好，这不仅关系到信用卡的使用安全，也和你的个人信誉挂钩，是十分重要的。"

金融危机

◎智智的舅舅从美国回来了，但是看上去很憔悴。

◎智智爸爸也抽着烟，情绪不是很高。

◎智智跑过来搂着舅舅的脖子。

◎舅舅意味深长地叹了一口气。

可怕的金融危机

这天，张三家里异常热闹，他的一位好朋友，多年以前远赴美国的好友赵七回来了。俩兄弟多年不见自然是有很多话要说。张三原本以为赵七在美国做生意做得很好，可是今天一见到他，觉得他好像遭受了什么打击似的，赵七整个人萎靡不振，也没有当年的那种意气风发了。两个人聊着聊着，张三终于知道个中原因了。

原来赵七在美国做投资生意，多年以前的确混得风生水起，在当地很有名气，甚至还上了当地的一家大报纸的头版。但是好景不长，2008年的时候美国发生了次贷危机，很快，一场席卷全美的金融危机爆发了。金融投资业首当其冲，遭到了近乎毁灭的打击。身在投资行业的赵七，股票大幅缩水，一夜之间变得一贫如洗。赵七无法接受这个打击，重整旗鼓，在美国又打拼了几年，结果经济不景气的大环境没有变化。而就在西方经济不景气的时候，中国的经济则呈现健康向上的态势，这让赵七又看到了希望，这不，他又回来了，想要在中国，在自己的祖国最后搏一搏！

金融危机真的这么可怕吗？能够让这么多的人一夜之间一贫如洗吗？

对于金融危机，较为严谨的理解是这样的："金融危机也就指金融资产，抑或金融机构，抑或金融市场里的危机。其基本表现是金融净资产价格大幅度下降，抑或金融机构倒闭及濒临合并，抑或某个金融市场，比方说股市及债市出现暴跌，等等。系统性的金融危机则是指那些涉及整个金融体系甚至整个经济体系的危机。比方说于 1930 年出现了西方经济大萧条，又比方说于 2008 年 9 月 15 日出现并造成全球经济危机的金融危机。"

金融危机也就是指投资金融这一块出现了问题，从而引起以金融业作为源头，经济疲惫的态势延伸开来，扩展到其他行业。又因为经济全球化的大环境及大背景，让全球经济都受到了影响。特别是西方资本主义国家。

最严重的经济危机

提起金融危机，那么 20 世纪 30 年代美国所出现的"大萧条"是必须要提到的。

1929 年 10 月 24 日期，纽约股市出现崩盘，在很短的时间内便席卷了整个美国。随后的几个月时间里，工人失去了工作，银行家破产了，上千万人民失业了，差不多所有人的积蓄均在一夜之间消失了，人们开始到处流浪，有些人甚至无家可归。

穷人整天为省钱生活而想尽办法：人们穿的裤子破洞了，补块补丁继续穿着；自己亲自卷纸烟；为了省电，使用 25 瓦的灯泡，抑或直接点蜡烛。孩子们到外面去捡啤酒瓶，再拿到铺子里面去换钱；去面包店里买隔夜的面包。妇女们将旧被单剪开来，然后将其两边拼接起来穿；女人们则把自己的衣服改小以后给女儿们穿。

在农村，尤其是中西部地方的农民，生活特别艰苦。鉴于农产品价格大幅度下降，许多农场主都破产了。成千上万的人只能像牲口一般的生活，这样才可以生存。宾夕法尼亚州乡下的人民甚至以野草根及蒲公英充饥；而肯塔基州的人则只能吃紫罗兰叶，野葱，勿忘我草，野莴苣和野草。城里的人则一直在码头处等待，如果有腐烂的水果及蔬菜丢出

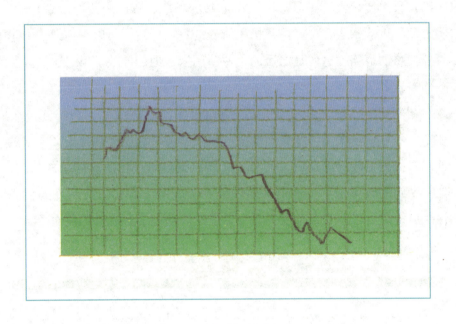

来，他们就会上去与野狗争抢。蔬菜由码头装上货车，她们便会跟在后面跑，如果有什么东西掉下来，便会将其捡回去。中西部地区曾有一家餐馆的师傅把一桶剩饭剩菜扔到了餐馆外面的巷子里，马上便有好几个人从黑暗里跑出来抢夺。人们还见到，有些人甚至都跑到垃圾堆里捡被扔掉的骨头及西瓜皮来吃。

这便是金融危机导致的经济危机给人们带来的痛苦。

历史上各个国家应对金融危机的措施

美国

1929 年的经济危机爆发之后，胡佛总统便下台了，而新上任的罗斯福便推行了一系列新政。在那次改革里，他把面包分给了更多的农民及工人，不但维持了社会的稳定，同时还创造了许多新的工作岗位，新政取得较好的成绩，也就是在那次新政之后，美国便摆脱了资本主义覆灭的灾难。

英国等欧洲国家

注重实施社会保障，政府加强对经济的控制及监管，努力扩大就业，从而减少危机带来的影响，最后也取得了一定的成效，很多国家随后又成了高福利国家。

日本和德国

既然有国家推行新政及改革，那么肯定就有国家推行相反的举措。德国及日本便是具有深厚军国主义色彩的国家，其国内资源特别稀少，国土面积也非常小，在经济危机里所受的打击更重。所以它们便走上了对外侵略的道路，这便是之后的法西斯国家，他们导致了第二次世界大战的爆发。

苏联

当西方资本主义国家受到经济危机的影响时，作为社会主义国家的苏联却得到了较好的发展，社会主义国家到处呈现出欣欣向荣的景象。他们受到的破坏很小，这也从某种程度上表明了社会主义制度的优越性，那便是可以不受，抑或少受资本主义周期性金融危机的负面影响。

小链接

1997 年 7 月 2 日，亚洲金融风暴席卷泰国，泰铢贬值。不久，这场风暴扫过了马来西亚、新加坡、日本和韩国等地，打破了亚洲经济急速发展的景象。亚洲一些经济大国的经济开始萧条，一些国家的政局也开始混乱。它暴露了一些亚洲国家经济高速发展的背后的一些深层次问题。从这个意义上来说，虽然是坏事，但其实也是好事，能够推动亚洲国家的改革和发展，从而让世界经济更加健康。

学生："老师，金融危机对中国有影响吗？我们应该怎样应对呢？"

老师："虽然我们是社会主义国家，但是在经济全球化的大背景下，受到波及也是难免的。为了更好地应对这周期性的金融危机，我们国家也要考虑转变经济发展方式，走更加科学和环保的道路，推动产业升级和设备的更新换代，加强和国外的联系，完善经济法律。这才是正途！"

欧元背后

◎这段时间最让人津津乐道的就是欧洲债
务危机。

◎智智表示不解。

◎智智爸爸看了看智智，显得有些无奈。

◎智智乖巧却也似懂非懂地点了点头。

危机危机！欧债危机！

欧洲主权债务危机，其简称为欧债危机，主要是指自 2009 年以来在欧洲某些国家出现的与主权债务相关的危机。欧债危机属于美国次贷危机的持续及深化，其最根本的原因是由于政府无法承受本身所具有的债务负担，由欧债危机所导致的违约风险。然而在 2008 年美国华尔街出现次贷危机以后，欧洲国家冰岛便破产了。

那么，国家破产是怎样一回事？

"国家破产"这一概念是国际货币基金组织于 2002 年提出来的。它指的是某个国家对外负债大小即其国对资产，也就是说出现了资不抵债的情况。

可是欧债危机越来越严重，各国都想尽办法自保时，欧盟内部也出现了某些变化。希腊政府破产了，这对于欧元区来说肯定是一个特别大的打击，更是一个无法接受的事实。

欧债危机的背后

2009 年 10 月 20 日，希腊政府公布，其财政赤字占到了国内生产总值的 12% 以上，这比欧洲规定的 3% 的上限要高出许多。之后，世界三大评级公司先后对希腊主权信用评级作出了下调处理，欧洲主权债务危

机最先在希腊出现。

2010年上半年，欧洲央行及国际货币基金组织机构都致力于替希腊债务危机寻找解决的方法，可是却出现了许多分歧。欧盟成员国害怕，无条件求助希腊或许会导致欧元区内部的"挥霍无度"，也怕会造成本国纳税人的不满。

更多的人则表示：为什么要将我们辛苦赚来的钱拿去帮助那些由于自身原因而破产的希腊人呢？

与此同时，由于欧盟内部出现了机制动作不协调的情况，导致帮助希腊的计划一直都没有出台，后来就造成危机的进一步恶化。

随后，葡萄牙，西班牙，爱尔兰及意大利等国家也先后出现了财政问题，就连德国和法国等欧元区重要国家也受到了负面影响。

关于希腊的争议

作为以前最光彩的国度，雅典娜女神的故乡，希腊在这次欧洲债务危机里显得特别窘迫。所有人都知道希腊的处境，它先是受到了世界三大信用评级组织的降级，随后又受到了政府破产的影响，如今的情况特别不妙，急切需要欧盟成员国的帮助。

可是对于希腊是否应该吃整个欧盟纳税人的钱这一问题具有很大的争议。

抗议呼声最高的便是德国。德国人一直以来都以勤劳著称，把自己努力赚来的钱交了税款，可是再看一看希腊人，他们整天过着悠闲的日子，并且到处去购物。如今他们的国家破产了，竟然要整个欧洲进行援助，使用所有欧洲人的钱。德国纳税人对此带有很大的情绪，他们反对对希腊政府施以援助。这主要是由于在希腊，那里的人民过得相当舒服。有些甚至不需要去工作都可以生活得特别好，可是在德国，如果你不努力工作，那么你肯定是会挨饿的。这属于两个国家所实行的不同福利政策，可是如今却要付出较多的德国人再付出一部分，他们怎么可能不发火呢？希腊的工作水平连欧盟下限也达不到。换句话说，希腊人只需付出较少的劳动量便可以获得与其他国家相同的待遇标准。这一情况让许多国家的人都特别忌妒。

然而也有支持者，他们觉得既然欧洲一体化进行已然开始了，那就不应该如此草率地结束。不管如何，希腊都属于欧盟的成员国，按照《马斯特里赫特条约》，欧盟成员国理应给予希腊一些援助，不然欧盟便只是名义上的存在了，而实际上它已经消失了。

然而无论怎么说，这次欧洲债务危机引出了欧元背后的问题，如何寻找及破解这一危机，是所有欧洲人民共同的目标。如今的欧洲变成了牵一发而动全身的情况，一个倒下，那么其他的很可能也会倒下。尽管有人甚至提出了废除欧元的建议，恢复以前各国的货币符号，然而历史进程放在人们眼前，无法退后，欧洲人只好共同对付欧洲债务危机。

小链接

希腊作为老欧盟15国中最落后的国家，每年都享受欧盟上亿欧元的补贴。但富人得有富人的样子，希腊在福利和劳工保护政策上必须向欧盟标准看齐，这个标准让希腊染上富贵病。可是在劳动生产率等一系列经济指标上，希腊人又达不到欧盟的平均标准，只好靠发国债、借外债过日子。时间一长，主权信用危机就出来了。

如同一辆最高时速80公里的汽车进入了高速路，司机的尴尬是必然的。

师生互动

学生："老师，欧洲债务危机对我们国家有没有影响呢？影响大吗？"

老师："有。但是就目前来看这个影响是短期的。欧盟是我国非常巨大的贸易伙伴，它出现了问题，那么我们国家和欧盟之间的贸易额就会受到影响，同时欧盟内部也有分歧，显示出不稳定的迹象，那么这样看来，欧元对人民币的汇率也会出现浮动变化。各种因素综合起来看，欧洲债务危机对中国来说，还是会有影响的，但是我们不必过于担心。就算有影响，我们国家也会顺利解决的！"

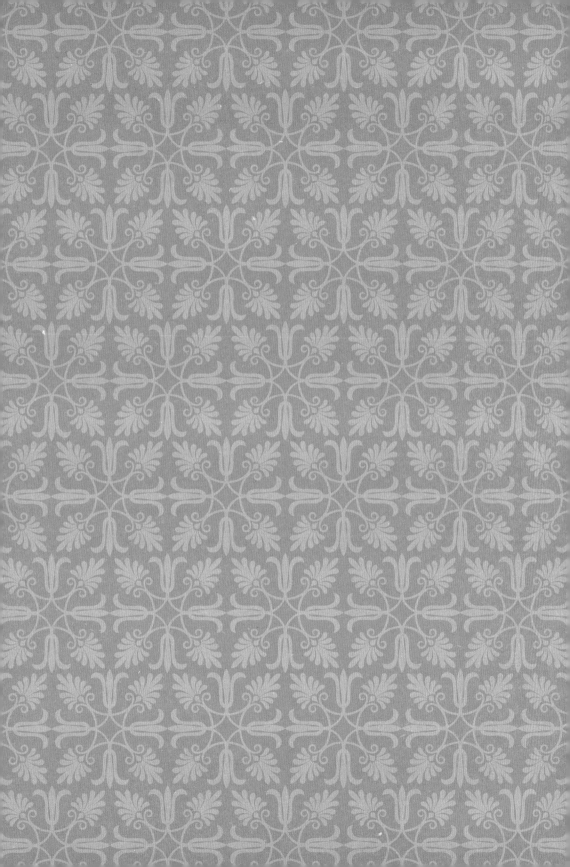

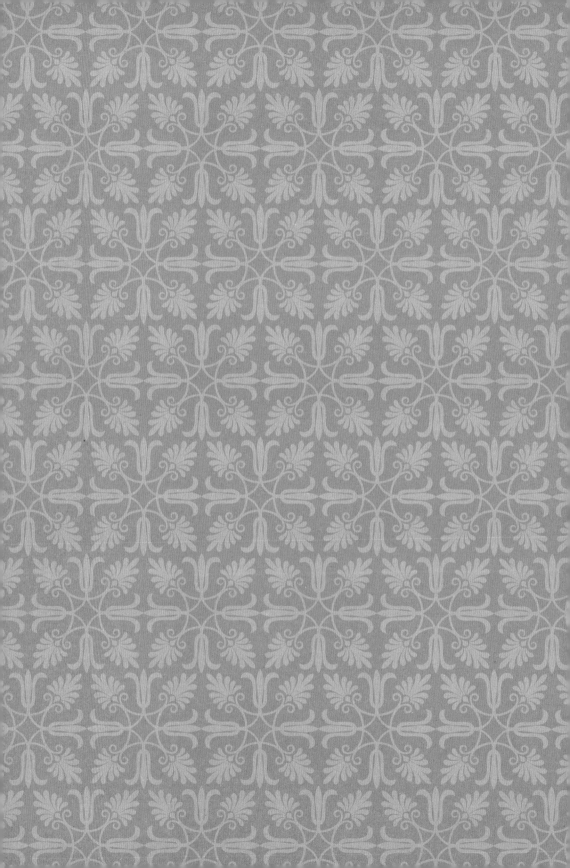